Pierre Truche

JUGER, ÊTRE JUGÉ

Le magistrat face aux autres
et à lui-même

Fayard

À mon épouse et mes trois enfants
qui ne sont pas magistrats.

Avant-propos

« Ne jugez pas et vous ne serez pas jugés » (Mathieu, VII, 1, Luc, VI, 37). Il s'agit là de la mise en garde solennelle d'un innocent qui sera condamné à mort : son juge s'en lavera les mains et l'opinion publique choisira Barabbas plutôt que Jésus. Si l'on juge, il faut accepter d'être à son tour jugé. Mais, sans faire référence au Jugement dernier, qui jugera les juges ? Et encore : « Les ouvrages de droit et de judicature soulignent la sévérité de la doctrine islamique et de l'opinion publique à l'égard des magistrats. Le Prophète disait : "Sur trois cadis, deux vont en enfer[1]." »

Quel est cet homme – le juge – ainsi averti, suspecté, rejeté, qui a le pouvoir d'intervenir dans la vie de ses contemporains pour res-

1. Cheikh Si Hamza Boubaker, *Commentaire sur la sourate IV-135*, Maisonneuve et Larose, 1995.

treindre ou supprimer certains de leurs droits, y compris les plus protégés ? On ne se prive pas de discourir sur l'institution judiciaire, autorité pérenne dans son principe, mais manipulée, voire contournée, selon les époques et les intérêts, et présumée perfectible ; mais comment pourrait-on tout attendre de réformes de la justice – certaines sont engagées, d'autres espérées –, si l'on ne s'interroge pas sur ceux qui la servent ?

Première partie

TRIPTYQUE

Selon une tradition pluriséculaire on désigne en France sous le même mot, *magistrat*, les juges et les procureurs, alors que leurs fonctions sont distinctes. Recrutés dans les mêmes conditions et formés ensemble, mais tous tenus, sous réserve de particularités, à respecter des règles éthiques exigeantes, ils peuvent passer d'un statut à l'autre au cours de leur carrière.

L'ancienneté ne suffit pas à justifier cette tradition. La culture commune ne déséquilibre-t-elle pas la balance ? Et comment le simple justiciable peut il s'y retrouver ?

L'avocat anglo-saxon qui, pendant des années, a été au service d'intérêts particuliers, puis est devenu juge, n'est-il pas capable d'impartialité ? Pourquoi en irait-il différemment, chez nous, d'un procureur devenu juge alors que les règles – morales mais aussi juridiques – lui faisaient obligation de ne requérir que ce qu'il croyait convenable au bien de la justice ? Parce que son exercice est exigeant, la fonction change l'homme.

« Il faut distinguer dans un officier du ministère public deux caractères différents, déclarait le Tribunal de cassation le 14 pluviôse an XII, celui d'agent de la société pour la poursuite des délits, et celui d'organe de la loi pour requérir l'application des peines aux prévenus qui sont l'objet de cette poursuite. [...] Mais si les prévenus lui paraissent innocents, ou s'il pense qu'aucune disposition du Code pénal ne leur est applicable, alors l'organe de la loi est impassible comme elle, il propose en cette qualité le rejet de la demande qu'il a formée comme agent de la société ; mais la demande qu'il a formée comme agent de la société n'en subsiste pas moins, le tribunal qu'il en a constitué juge n'en demeure pas moins saisi, et c'est à la conscience des magistrats à décider si c'est à tort ou avec raison que l'organe de la loi opine contre l'agent de la société. »

Il n'est pas sûr que cette réalité soit toujours comprise du public. Selon le vieil adage anglais, « la justice n'a pas seulement à être rendue, mais elle doit aussi paraître être rendue ». Dans cette perspective, et à condition que soit préservé le fondement du système français, des évolutions devraient intervenir. L'interface entre le juge et la société, entre le juge et le justiciable ne peut être assumée que par des hommes qui par leur recrutement, leur formation, leur éthique, leur responsabilité sont incontestables[1].

D'où la nécessité d'une réflexion commune sur les deux fonctions et sur ceux, hommes et femmes, qui s'y consacrent. Cette réflexion s'impose d'autant plus que, au pénal, depuis plusieurs années, la solution des litiges se déplace de plus en plus vers l'amont, ce qui fait des procureurs les premiers juges des affaires.

Quels sont leurs *liens de dépendance* et comment ceux-ci influencent-ils leurs décisions, quel usage font-ils de la *violence* que la loi les autorise à exercer, comment vivent-

---

1. Rapport de la Commission de réflexion sur la justice, p. 48, la Documentation française, 1997.

ils l'*irresponsabilité* que leur statut organise ? C'est en s'interrogeant sur ces trois questions que le magistrat pourra accéder à l'impartialité.

CHAPITRE PREMIER

Les dépendances du magistrat

Selon l'article 64 de la Constitution, le président de la République doit garantir l'indépendance de l'autorité judiciaire. Mais comment pourrait-il garantir l'indépendance de chacun des membres qui la composent ? Son rôle, institutionnel, est de créer un cadre excluant les pressions de tous ordres, y compris matérielles, susceptibles d'entraver ou de limiter la décision du juge.

De leur côté, les traités internationaux relatifs aux droits de l'homme exigent des tribunaux qu'ils soient « indépendants et impartiaux[1] ». La Cour européenne des droits de

1. ONU, Déclaration universelle des droits de l'homme du 10 décembre 1948, art. 10. Pacte international relatif aux droits civils et politiques du 16 décembre 1966, art. 14; Conseil de l'Europe, Convention européenne de sauvegarde des droits de l'homme du 4 novembre 1950, art. 6.

l'homme, qui siège à Strasbourg, distingue la partialité subjective – celle qui tient au magistrat lui-même – de la partialité objective, qui procède de caractéristiques tirées de l'organisation judiciaire en ce qu'elles créent une apparence de non-objectivité. Il en va ainsi lorsque celui qui juge est le même que celui qui a préalablement recherché les preuves, ou a engagé les poursuites, ou encore avait déjà statué ou rendu un avis sur l'affaire.

Ce qui nous intéresse ici c'est l'indépendance subjective, celle qui est au cœur de la décision que va prendre le magistrat. Comme toute personne agissant en société, celui-ci est tributaire d'un ensemble où interviennent sa personnalité, son entourage personnel et professionnel, ses conditions de travail. À lui de s'interroger sur la part prise par chacun de ces éléments au moment du choix ; on attend de lui qu'il soit lucide sur ses propres liens de dépendance, afin d'accéder à l'impartialité.

La première assise sur laquelle repose le magistrat s'est construite à partir de ses origines, de son éducation, de son milieu, choisi ou imposé, de ses croyances, de ce qu'il a retenu et de ce qu'il n'a pas su apprendre, de ses convictions, de ce qui l'attire et qui le révulse, de ses amitiés et de ses inimitiés, de son ardeur au travail ou de sa paresse. Pourquoi serait-il en cela différent des autres hommes ? Mais s'il laisse les a priori et les à-peu-près l'envahir et guider son choix, son indépendance se trouve mise à mal.

La seconde assise est professionnelle dès que s'instaure une collégialité. Celle-ci peut être organique (confrontation lors d'un délibéré, délibération d'assemblée générale, groupe de travail) ou choisie (syndicat, association de magistrats exerçant la même fonction – juges d'instruction, juges des enfants, juges de l'application des peines, membres du parquet – ... association d'adhérents à une religion ou une philosophie communes). Les échanges, souvent riches, contribuent à l'approfondissement de la réflexion de chacun et à ce titre peuvent constituer des leçons d'humilité. Mais que par démission personnelle ou soumission à une directive et voilà encore l'indépendance menacée. Le justiciable peut exiger du juge que son affaire – toujours unique pour lui – soit examinée, au regard de la loi, dans sa spécificité.

Toute décision a un amont et un aval. Il y a au départ une situation de fait qu'il faut confronter, selon un processus strictement réglementé, à des catégories légales pour créer une situation juridique laquelle, à son tour, est créatrice d'une nouvelle situation de fait. La belle affaire si le jugement est inexécutable ! On aura noirci avec quels drames individuels... du papier pour les archives.

Quel qu'il soit et qu'on l'étiquette justiciable, plaideur, demandeur, défendeur, appelant, intimé, mis en examen, prévenu, accusé, témoin assisté ou non, tout intervenant dans un procès peut – de bonne foi ou non – influencer la décision. Chacun vient avec son histoire personnelle, sa culture, son milieu dont la stabilité n'est pas toujours évidente, ses intérêts en contradiction avec ceux des autres intervenants, sa conception de la légalité... Le magistrat est tributaire de ce qu'ils apportent, il doit débrouiller l'écheveau, croiser les informations. Ne rien rejeter pour autant a priori sous prétexte qu'on ne veut pas dépendre de lui, qu'il ne peut rien apporter de nouveau, que la jurisprudence est bien établie et conforme à une loi claire. C'est-à-dire ne pas tomber d'une dépendance dans une autre, opposée. Au civil comme au pénal, ce ne sont pas seulement des faits que l'on juge, c'est une personne qui est concernée. Comme le prescrit le Code pénal, toute peine doit être personnalisée. La jurisprudence éclaire et complète la loi mais elle ne se justifie qu'appliquée à un cas particulier, toujours unique.

L'aphorisme célèbre de Malraux, « Juger c'est, de toute évidence, ne pas comprendre puisque, si l'on comprenait, on ne pourrait plus juger[1] », ne s'explique que dans son contexte. Il est mis dans la bouche de Pierre Garin, dit Garine, à l'occasion de son procès en cour d'assises pour complicité d'avortement car il avait payé des sages-femmes afin qu'elles interrompissent la grossesse de femmes démunies. Ce qu'il voudrait, c'est être entendu, compris. « Son rôle de comparse l'irritait. [...] Il avait l'impression de devenir figurant. [...] Seul le théâtre peut donner, autant que la cour d'assises, une impression de convention. [...] L'instruction, menée par un juge à barbe, indifférent et préoccupé surtout de réduire les faits à une sorte d'allégorie juridique, lui semblait une lutte contre un automate d'une médiocre dialectique. » L'attitude du président était « celle d'un technicien dans une réunion d'ignorants ». Ou bien l'impression de Garin n'était fondée que sur une apparence mal vécue, ou bien il s'agissait d'une réalité objectivement

1. André Malraux, *Les Conquérants*, Bibliothèque de la Pléiade, Gallimard, 1969, p. 45.

saisie ; dans ce cas se pose la question de l'indépendance du juge qui choisit de ne pas vouloir « comprendre » (au sens de saisir la situation dans son ensemble, d'appréhender les mobiles) : il substitue sa propre vision de l'affaire à l'écoute des autres. Écoute qui ne saurait signifier adhésion.

Considérons maintenant le dossier sur lequel va statuer le magistrat et qui va donc fonder sa décision. Il y trouve, en plus ou moins grande abondance, interrogatoires, auditions, réquisitions émanant d'autres magistrats, procès-verbaux de policiers ou de gendarmes (soit hautement qualifiés soit confinés dans des tâches répétitives), constats d'huissiers, rapports administratifs, minutes de notaires, attestations de témoins plus ou moins sollicités par une partie, rapports d'experts de toutes spécialités (dont certaines laissent une place évidente à la subjectivité), conclusions d'avocats qui ont – c'est leur rôle, leur grandeur et leur servitude – pour ambition d'influer sur la décision à intervenir. En aval, d'autres administrations (pénitentiaire, protection judiciaire de la jeunesse, Trésor public pour le recouvrement des amendes...) ou des professionnels (huissiers...) peuvent rendre inopérante la décision judiciaire. Belle indépendance que celle du magistrat qui ne rencontre pas ces interlocuteurs obligés pour des réflexions communes et qui ne soumet pas tous leurs actes à la critique raisonnée !

Le magistrat se heurte encore au mur des contraintes matérielles. Il n'est pas vulgaire de s'y intéresser puisque ce n'est pas sans influence sur sa décision. Avec l'aide de secrétaires greffiers bien équipés en informatique (ne versons pas dans le misérabilisme), il lui faut, en respectant strictement les formes prévues par la loi, faire entrer une masse d'affaires dans un cadre horaire non extensible. Que lui importe d'être le plus sage s'il ne peut se saisir d'une affaire parce que l'homme ou la machine n'ont pas mis le dossier en forme dans les conditions et les délais requis ? Que lui importe d'être le plus travailleur si la pile des dossiers à traiter augmente sans cesse malgré la surcharge de travail qu'il s'impose ? Qu'importe la décision la plus juste si elle est intervenue trop tardivement ou si elle ne peut être rapidement exécutée ?

Parallèlement aux contraintes qui tiennent aux hommes et à l'exercice de la profession apparaît l'opinion publique, et donc les médias, lorsqu'une affaire ou un ensemble de dossiers typiques attirent l'attention. Il est nécessaire que le service public de la justice soit scruté, que ses faiblesses soient dénoncées, que ses pannes ne soient pas tues. Mais dans quelle mesure la mise d'un dossier sur la place publique va-t-elle influencer le juge au point de lui faire oublier son obligation d'impartialité et en fait de confondre le temps judiciaire, qui impose le mûrissement de la décision, avec celui de l'immédiateté qui caractérise l'attente de l'opinion ? Lorsque sont livrés au public ses engagements syndicaux, ses affinités politiques présumées, que sa célérité est présentée comme une volonté d'occulter une partie du dossier, ou que la longueur de l'instruction est analysée comme une intention d'enterrer l'affaire, voilà notre magistrat sommé de conformer ses actes à ce que l'on attend de lui.

Si je suivais mon goût, je saurais où buter ;
Mais j'ai les miens, la Cour, le peuple à
[contenter [...]
Mais que dorénavant on me blâme, on me loue
Qu'on dise quelque chose, ou qu'on ne dise rien,
J'en veux faire à ma tête. Il le fit, et fit bien.
Quant à vous, suivez Mars, ou l'Amour ou le
[Prince ;
Allez, venez, courez, demeurez en province

Prenez femme, abbaye, emploi, gouvernement;
Les gens en parleront, n'en doutez nullement[1].

La cour donc ! Il est tellement tentant, pour occulter les liens de dépendance qui concernent le magistrat face à lui-même, de s'appesantir sur l'action de la hiérarchie et du pouvoir exécutif !

Au quotidien, et dans un premier temps (c'est-à-dire sous réserve de l'exercice de voies de recours), un jeune magistrat sorti de la dernière promotion de l'École nationale de la magistrature a plus de pouvoirs que le premier président de la Cour de cassation : il peut enlever un enfant à sa famille ou contribuer à priver une personne de sa liberté d'aller et de venir. D'où la tentation qu'éprouvent certains de l'encadrer.

La relation magistrat-hiérarchie est faite d'actions et de réactions; l'un et l'autre sont interdépendants. Se rencontrent ou s'affrontent le goût de transmettre un savoir, la nécessité d'apprendre, la volonté partagée de puissance, le besoin de s'affirmer par l'opposition, le désir de plaire et d'avancer, le « Pas d'histoire », le « Pas de concession », le laisser-faire, l'acti-

1. La Fontaine, *Le Meunier, son fils et l'âne.*

visme. Qui censure, qui s'autocensure, qui encourage, qui freine ? La vie des juridictions est à cet égard diverse mais il est évident que, par la répartition des affaires et les moyens mis à disposition pour les traiter, la hiérarchie locale influence le travail des magistrats de la même façon que, à l'inverse, les décisions des exécutants retentissent sur la juridiction. Le rapport des deux peut être riche en échanges comme il peut se traduire par des conflits. Il serait vain de nier cette interdépendance.

« Et au profit de qui voulez-vous que la nation abdique ses droits souverains, ses droits imprescriptibles ? déclarait Viviani. C'est entre les mains de ces magistrats correctionnels qui n'ont jamais été les représentants de la nation, qui sont tout au plus les commis du pouvoir et souvent les instruments de ses haines et de ses passions. » Selon Cunéo d'Ornano, il fallait « une magistrature plus indépendante des coteries locales et plus impartiale envers tous, des procureurs plus appliqués à poursuivre des anarchistes qu'à taquiner les adversaires politiques des cabinets qui passent [1] ».

1. Débat au Parlement sur la loi contre les anarchistes du 28 juillet 1894.

On n'en est plus à cette brutalité de langage, mais, pour être insidieuses, les allusions à une intervention de l'exécutif dans le cours du judiciaire n'en sont pas moins réelles et tenaces dans l'opinion publique. Trois domaines sont en cause : le budget, les nominations et promotions de magistrats, l'intervention dans des affaires particulières. Tous relèvent de textes législatifs mais aussi de l'interprétation qui en est faite.

Il est des pays où le budget de la justice est géré par la profession, en fait par le président de la cour suprême. En France, les propositions des juridictions sont arbitrées par le gouvernement, qui soumet ensuite l'ensemble du budget au vote du Parlement. Ce budget a longtemps été médiocre, et ce dans l'indifférence générale. Des efforts significatifs et soutenus ont été accomplis dans divers domaines (construction de palais de justice, ouverture de maisons de justice, informatisation... sans oublier les autres services du ministère), mais beaucoup reste à faire si l'on songe à la demande accrue de justice comme à la complexification nécessaire des procédures sous l'effet des exigences des droits de l'homme et de l'internationalisation. Or, rappelons-le, la sujétion des magistrats en ce domaine peut devenir insupportable.

Pour un pouvoir politique, choisir les magistrats, se les attacher par des promotions peut être une tentation. Le recrutement par concours ou sur titres – appréciés par une commission composée de magistrats majoritairement élus par leurs pairs – met le système français à l'abri du premier écueil. Mais, actuellement, la promotion de tous les magistrats du parquet est dans les textes à la discrétion du pouvoir exécutif, même si dans les faits l'avis du Conseil supérieur de la magistrature, qui ne concerne toutefois pas les procureurs généraux, nommés en Conseil des ministres, est toujours suivi. Il restera à faire passer cela dans les textes. L'apparence d'une dépendance est en effet aussi pernicieuse qu'une réelle absence d'indépendance.

Reste le problème qui alimente surtout les suspicions. Constitutionnellement, le Premier ministre est chargé d'assurer l'exécution des lois, celles justement que les tribunaux ont la charge d'appliquer. Le Code de procédure pénale confie au garde des Sceaux le pouvoir d'enjoindre aux procureurs d'engager des poursuites dans une affaire déterminée ainsi que de faire connaître son analyse d'un dossier à la juridiction de jugement. Certes, dans ce dernier cas, la parole à l'audience est libre (on se souviendra, dans une affaire liée à la guerre d'Algérie, des réquisitions tendant au prononcé de la peine de mort prises sur instructions du gouvernement, suivies de la réquisition par l'avocat général d'une peine perpétuelle qui fut d'ailleurs décidée par la juridiction). Pourquoi, puisque le ministre peut faire connaître son opinion au tribunal, ne pourrait-il pas anticiper s'il estime que la poursuite pénale n'est pas fondée, en demandant au procureur de ne pas engager les poursuites qu'il avait l'intention de diligenter? D'où la pratique des instructions de non-poursuite dans des dossiers individuels. Parfois pour de bonnes raisons, ainsi de l'arrêt des poursuites pour avortement peu avant le vote de la loi légalisant cette pratique. Peut-être aussi pour éviter des « ennuis » à ses amis politiques. Même si cela n'était arrivé qu'une seule fois, cela suffirait à condamner le système. En raison de sa clandestinité, cette pratique est d'une tout autre nature qu'une opinion exprimée à l'audience lors d'un débat public ou par des circulaires générales publiées. La transparence de l'action gouvernementale ne peut sur ce point reposer seulement sur des déclarations publiques tendant à prohiber pour l'avenir toute intervention dans un dossier déterminé. Il faut protéger par la loi les magistrats d'un risque de sujétion.

Voici donc le magistrat confronté à ses liens de dépendance. Il n'est pas en cela différent des autres hommes dans leur vie professionnelle, mais il est toutefois une différence importante : ses décisions vont peser – parfois gravement – sur l'existence d'autres hommes. D'où l'exigence morale d'une extrême vigilance. On ne saurait s'en sortir par la pirouette habituelle : « L'indépendance est affaire de caractère », ce qui se traduit par : « Moi, j'en ai, mais d'autres... »

Qui peut dire qu'au moment du choix – moment unique pour lui comme pour le justiciable –, le magistrat a toujours maîtrisé ses opinions et ses inimitiés, assimilé le droit applicable dans toute sa complexité, cherché si rien d'essentiel ne manquait au dossier qui lui est soumis, consacré le temps nécessaire à l'élaboration de sa décision, pesé les éléments extérieurs qui l'ont guidée ?

Il ne sert à rien de proclamer son indépendance si l'on n'est pas lucide sur ses liens de dépendance. Ce n'est qu'après cette prise de conscience que l'on peut atteindre à l'impartialité en n'ayant aucun parti pris pour une partie. Au risque, toujours présent, de se tromper.

CHAPITRE II

L'exercice de la violence confié aux magistrats

« La loi est l'expression de la volonté générale. Elle n'a le droit de défendre que les actions nuisibles à la société. » Ces formules sont celles de la Déclaration des droits de l'homme et du citoyen du 26 août 1789. Les restrictions aux droits de l'homme, telles qu'elles sont envisagées par la Convention européenne de sauvegarde des droits, ne peuvent être que législatives et doivent constituer, dans une société démocratique, des mesures nécessaires à la protection de certains objectifs qui vont de la souveraineté nationale à la protection de la réputation ou des droits d'autrui.

C'est dire que la transgression de l'interdit ne saurait être tolérée et qu'il appartient donc aux tribunaux de la sanctionner. Pour rétablir la paix sociale, pour restaurer les liens tissés antérieurement, deux voies sont ouvertes :

l'usage de la force ou la conciliation. Longtemps toutes deux ont cohabité en France, y compris au pénal. Une autorité reconnue et acceptée rapprochait les adversaires, comme on peut encore le voir aujourd'hui dans des sociétés tribales ; c'est aussi une tradition chinoise toujours en vigueur. Confucius disait : « Juger les procès, je le pourrais tout comme un autre. Mais, assurément, faire qu'il n'y eût plus de procès, ne serait-ce pas le mieux ? »

« Débouter de leurs prétentions les plaideurs peu sincères, inspirer au peuple une grande horreur des chicanes, c'est connaître le principal devoir de l'homme, le devoir de se perfectionner lui-même, pour réformer ensuite les autres » (*Tao-hio,* chap. IV). « Même apaisée, une grave querelle laisse un ressentiment » (Lao-tseu, *Tao-tö-King*, 79).

Avec la montée de la puissance étatique aux XIIe et XIIIe siècles, la justice d'autorité supplantant de manière irréversible la justice de négociation[1] », la situation a évolué en France. Cela conduit Pascal à affirmer que « la justice sans la force est impuissante » et

1. Robert Jacob, *Images de la justice*, Le Léopard d'or, 1994, pp. 19-46.

les rédacteurs de la Déclaration de 1789 à prôner la nécessité d'une force publique pour garantir les droits de l'homme et du citoyen. On dit des jugements définitifs qu'ils sont passés en « force de chose jugée » et l'on insère au bas de chaque décision une « formule exécutoire » qui, au nom de la République française, impose l'exécution du jugement. Les procureurs doivent y « tenir la main » et les commandants de la force publique « prêter main-forte ». On aura retenu le symbolisme de la « main de justice », qui était déjà un attribut de la royauté. Et l'architecture de suivre, avec ses palais imposants, leurs escaliers monumentaux, leurs colonnades, et l'installation des juges sur une estrade ; la sanction « tombe » : on est dans une justice verticale.

Force égale donc contrainte, égale violence. Mais une violence légale en réponse à la violence illégitime de ceux qui enfreignent la règle, civile comme pénale.

Violence de la loi mais non violence du juge, bien qu'il soit chargé de la mettre en œuvre, et violence dans les limites strictes de la loi. Quelle que soit la situation qui lui est soumise et même en présence d'un crime particulièrement odieux au pénal, ou d'un abus grossier d'autorité au civil, le magistrat ne doit pas se laisser déborder par ses propres sentiments. Il doit d'abord éviter la violence du comportement : le doigt vengeur du procureur pointé sur l'accusé, le regard chargé de mépris et surtout la parole qui rabaisse, exclut. Plus subtile et plus grave est la violence qui ne s'extériorise pas mais qui existe au cœur du juge sous l'influence de ses passions, de ses convictions, voire de ses impressions du moment. L'impassibilité née de l'habitude masque un grave dévoiement : le juge confisque la violence de la loi à son propre profit. Il n'est plus ce tiers indifférent qu'évoque Pascal.

La violence qu'il exerce n'est justifiée que si elle est proportionnée au but à atteindre. « La loi ne doit établir que des peines strictement et évidemment nécessaires », proclamait déjà l'article 8 de la Déclaration de 1789. Confronté à une situation particulière, le magistrat ne peut qu'appliquer les mêmes critères. Même contenue dans les limites de la loi, une violence excessive ne peut qu'entraîner, en réponse, une nouvelle violence de révolte individuelle, voire collective. Personnaliser la sanction est une obligation légale pour le juge dans le nouveau Code pénal. Il n'y a pas si longtemps, sa marge de manœuvre était étroite : en dehors de la peine de mort il ne pouvait prononcer qu'une privation de liberté ou une amende avec ou sans sursis. Son éventail s'est à la fois réduit (suppression de la peine de mort et de la relégation) et élargi (sursis avec mise à l'épreuve, travail d'intérêt général, peines privatives ou restrictives de droits, confiscation, interdiction professionnelle).

Personnaliser : cette responsabilité confiée à des hommes n'est pas sans comporter de risques d'incompréhension lorsque des divergences d'appréciation interviendront à l'intérieur d'une même juridiction. En Grande-Bretagne, des *guidelines*, véritables barèmes, sont fixés par la cour d'appel pour les juridictions de base. Le Comité des ministres du Conseil de l'Europe s'est longuement penché sur cette question en étudiant les systèmes en présence et en recommandant, le 19 octobre 1992, la recherche de principes de base, d'ailleurs révisables, pour que « des cas analogues soient traités de manière analogue » et que les « disparités injustifiées » susceptibles de « jeter le discrédit sur le système de justice pénale » fassent l'objet d'une « prise de conscience ». La loi peut certes encadrer, mais il ne s'agit pas de définir tous les paramètres et d'attendre d'un ordinateur qu'il fournisse la réponse. C'est au magistrat de décider et, par sa motivation, de convaincre de l'adéquation de son jugement aux circonstances de droit, de fait et de personnalité des parties.

Mais la justice violente a ses limites. Désormais, ses décisions ne sont pas toujours définitives. Non seulement les décisions prises en matière d'assistance éducative à l'égard d'un mineur en danger sont limitées à deux années, mais elles peuvent même être modifiées par le juge avant l'expiration du délai si les circonstances l'imposent. Le juge civil peut accorder un délai de grâce pour l'exécution d'un jugement définitif. Au pénal, le juge de l'application des peines peut assortir d'un sursis accompagné d'un travail d'intérêt général une peine d'emprisonnement ferme d'une année au plus antérieurement prononcée. En dehors des grâces, amnisties ou réhabilitations, peuvent être décidées des réductions de peine, des libérations conditionnelles. Mêmes les peines perpétuelles incompressibles peuvent être, exceptionnellement, réduites par une commission de cinq magistrats de la Cour de cassation.

Il faut y ajouter, au pénal, les classements de procédures pour cause d'encombrement des juridictions, les peines prononcées qui ne sont jamais exécutées pour des motifs divers comme le surpeuplement des prisons, l'impossibilité de retrouver le condamné, ou le changement de sa situation personnelle qui rend inopportune son incarcération, la carence de services extérieurs chargés d'exécuter certaines sanctions... On peut alors parler de violence épouvantail, ce qui signifie que, lorsque le condamné a compris qu'existe derrière le juge une structure inerte, rien ne le retient de goûter à nouveau au fruit défendu.

De là la nécessité, ressentie d'abord par les magistrats, de recourir à un autre mode de règlement des conflits nés de l'inobservation de la loi tant civile que pénale.

Il est important de dire d'emblée que cette autre justice, différente de l'arbitrage privé, que deux parties au civil peuvent toujours choisir, est une justice légale, que le législateur a consacrée par étapes au cours d'une lente évolution.

L'ordonnance du 2 février 1945 a posé le principe que les mineurs délinquants sont prioritairement justiciables de mesures de protection, d'assistance, de surveillance et d'éducation ; la peine n'est pas exclue mais doit demeurer exceptionnelle. L'ordonnance du 23 décembre 1958 relative aux mineurs en danger a, quant à elle, consacré une règle fondamentale de cette nouvelle justice : le juge des enfants doit toujours s'efforcer de recueillir l'adhésion de la famille à la mesure d'assistance éducative qu'il envisage de prendre. À la justice verticale, qui est surtout une justice de porte-parole (procureur et avocat), se substitue ici une justice horizontale où la parole est sollicitée et entendue dans le cabinet d'un juge.

Nouvelle étape avec deux lois du 11 juillet 1975. D'abord en matière de divorce. Antérieurement, les conjoints qui étaient d'accord pour se séparer devaient organiser une mise en scène pour faire croire au juge que l'un d'eux ou les deux avaient commis une faute ; dorénavant, le magistrat interviendra seulement pour vérifier que le divorce par consentement mutuel correspond bien à l'intention véritable des parties. Ensuite, au pénal, on assiste à une dissociation entre délit et sanction. Un tribunal correctionnel convaincu de la culpabilité d'une personne va pouvoir la dispenser de toute peine, même avec sursis, et ne la priver d'aucun droit. Il suffit pour cela qu'il estime que le reclassement du prévenu est acquis, que le dommage causé a été réparé et que le trouble à l'ordre public résultant de l'infraction a cessé.

L'évolution législative s'est poursuivie le 10 juin 1983 : un délinquant peut depuis lors se voir proposer d'exécuter un travail d'intérêt général au profit d'une collectivité ou d'une association en substitution d'une peine d'emprisonnement. Là encore, est introduite l'idée de dialogue : la personne concernée doit acquiescer à la mesure.

Le relais a ensuite été pris par les procureurs. Lassés de ne pouvoir répondre à toutes les demandes de justice qu'ils recevaient, constatant le découragement des plaignants confirmés dans leur situation de victimes, redoutant que leur inaction n'ancrât les petits délinquants dans leur activité illicite jusqu'à en faire des professionnels, ils ont organisé des médiations entre auteurs et victimes dans le but de réparer le préjudice causé, de rappeler la loi au délinquant et de vérifier son reclassement. S'agissant d'infractions qui n'avaient pas causé à l'ordre public un trouble grave et durable, ils pouvaient alors classer l'affaire sans poursuite. À quoi bon saisir un tribunal correctionnel d'une situation où les trois conditions mises par la loi à une dispense de peine étaient déjà réunies ?

Le législateur est à son tour intervenu, d'abord en 1993 puis avec la loi du 23 juin 1999 étendant les pouvoirs du procureur qui, traditionnellement, doit apprécier la suite à donner aux affaires dont il a la charge, c'est-à-dire soit de saisir une juridiction, soit de ne pas poursuivre lorsqu'il est en présence d'une infraction qu'il estime constituée et d'un auteur contre lequel il considère avoir des charges de culpabilité suffisantes. L'énumération des voies ouvertes est caractéristique de cette nouvelle justice : rappel à la loi, orientation vers une structure sanitaire, sociale ou professionnelle, régularisation de situation, réparation du préjudice, mise en place d'une mission de médiation. Le procureur peut encore proposer une composition pénale (versement d'une amende, remise de l'objet qui a servi à commettre l'infraction, remise du permis de conduire ou de chasse, travail non rémunéré au profit d'une collectivité) ; si le délinquant l'accepte, cette composition doit être confirmée par un juge. Dans tous ces cas, la loi prévoit un dialogue entre le procureur et le délinquant.

Le droit civil connaît la même évolution. « Il entre dans la mission du juge de concilier les parties », et ce « au lieu et moment qu'il estime favorable ». La loi du 8 février 1995 prévoit que le juge peut, avec l'accord des parties, désigner une tierce personne afin de les entendre et de confronter leurs points de vue pour leur permettre de trouver une solution au conflit qui les oppose.

Il s'agit bien là d'un mouvement de fond. Est réapparue, à côté d'une justice violente, une justice non violente. Sa principale caractéristique est d'être une justice d'écoute, puis de dialogue pour conduire l'autre à une vision adéquate de sa situation et donc à une acceptation des conséquences de ses actes. Il s'agit de responsabiliser pour asseoir sur de nouvelles bases reconnues et comprises les actions futures. Ainsi se dessine une justice de paix.

Il en découle d'abord la non-publicité, qui évite la stigmatisation systématique de celui qui, sans cela, serait catalogué comme condamné. Cela suppose de quitter la solennité des palais de justice pour les maisons de justice et du droit où, selon la loi du

13 décembre 1998, peuvent prendre place « les mesures alternatives de traitement pénal et les actions tendant à la résolution amiable des conflits ». La pluridisciplinarité s'étend : lorsque l'on s'adresse à la justice, celle-ci doit répondre, mais pas toujours par la décision d'un magistrat. Il suffit que ce dernier contrôle et décide en cas de difficulté ou de conflit, mais le travail de dialogue, de préparation de la décision peut être confié à d'autres spécialistes.

Les conséquences pour les magistrats sont multiples.

Même les nostalgiques d'une justice qui punit ne peuvent refuser d'appliquer cette loi lorsque les circonstances l'exigent. Les justiciables sont en droit de demander qu'elle s'applique aussi à eux. La difficulté réside dans les décisions à la marge : tel cas relève-t-il d'une justice ou de l'autre ? Le recours à une médiation est toujours réversible si elle ne donne pas de résultat probant. Au pénal, l'inverse est plus difficile en dehors des cas qui relèvent d'une dispense de peine. Une éventuelle rupture de l'égalité entre les délinquants ou les parties à un procès civil peut résulter de la liberté d'appréciation du magistrat sur la cause qui lui est soumise, mais elle peut tenir aussi aux moyens mis à sa disposition. Comment admettre qu'il existe une maison de justice pour ceux qui habitent d'un côté d'une rue alors que ceux qui sont domiciliés en face, mais dépendent d'une autre juridiction, n'en ont pas ?

Les pouvoirs étendus conférés aux procureurs imposent, bien évidemment, qu'ils soient soumis à un statut de magistrat exigeant sur l'éthique, comme le veut la tradition française.

Enfin, les droits reconnus à tous ceux qui sont impliqués dans une procédure doivent être d'autant plus respectés que l'un d'entre eux, la publicité, n'est pas retenu. Il s'agit avant tout des droits de la défense. La justice non violente ne saurait se passer de l'avocat, car ce ne serait plus une justice.

La difficulté du choix entre les deux formes de justice se pose aujourd'hui avec acuité lorsqu'il s'agit de décider de la sanction applicable à un mineur délinquant. L'âge de plus en plus précoce des auteurs d'infractions, la gravité et la répétition des faits poussent nombre de responsables à la sévérité et donc à opter pour des formes variées d'enfermement, n'excluant pas l'emprisonnement, contrairement au principe posé par l'ordonnance du 2 février 1945.

Le slogan « Tolérance zéro » ne résout rien. Dans les deux cas, il doit y avoir une réponse, ce qui ne s'est pas toujours produit dans le passé. Personne ne peut soutenir que la justice non violente est faible, qu'elle tolère l'infraction ; mais elle la traite autrement. De plus, pourquoi prôner la tolérance zéro seulement pour la délinquance alors qu'il faudrait d'abord la rechercher en matière de chômage, de pauvreté, d'analphabétisme?

Le choix dépend certes d'une analyse de la situation : quelle réponse est la plus efficace pour rétablir la paix sociale et insérer le mineur ? Le passé n'a pas prouvé que l'enfermement était une mesure crédible. A-t-on expérimenté et évalué d'autres formes mieux adaptées à notre époque ? Les méthodes d'éducation en milieu ouvert d'aujourd'hui entraînent-elles suffisamment l'adhésion ?

En d'autres termes, les principes posés en 1945 sont-ils toujours acceptables ? Si oui, alors la voie de la justice non violente à l'égard des mineurs doit être repensée, revigorée, d'où la nécessité impérieuse d'approfondir ce qu'il y a derrière les mots de 1945 :

protection, assistance, surveillance, éducation. Il ne suffit pas de changer les termes, voire de les affadir, en passant de l'« éducation surveillée » à la « protection judiciaire de la jeunesse », encore faut-il nouer ou renouer le dialogue pour responsabiliser. C'est ici une justice pluridisciplinaire dans l'élaboration de la décision avec, autour du magistrat, psychiatres, psychologues, assistants sociaux, éducateurs, enseignants. Ce sont eux qui, ensemble, reconstruiront, si on leur en donne les moyens. Comment pourrait-on admettre que la justice, pour les majeurs, se tourne vers la conciliation, la médiation, la dispense de peine, et que les mineurs en soient écartés ?

Il est toujours possible que le législateur change ou infléchisse les principes. On a vu que toutes les lois récentes vont dans le sens d'une diversification des réponses. Mais la responsabilité de la décision est, dans chaque cas, à la charge du magistrat, qui agit dans le cadre voulu par la loi. Sa marge d'appréciation n'est pas toujours limitée, mais les conséquences de son choix ne sont pas neutres. « Tout châtiment est inique, aussitôt qu'il n'est pas nécessaire à la conservation du dépôt de la liberté publique, écrit Beccaria ; et les peines seront d'autant plus justes, que le souverain conservera aux sujets une liberté plus grande, et qu'en même temps les droits et la sûreté de tous seront plus sacrés et plus inviolables[1]. »

Mais, croyant bien à tort à l'exemplarité de la sanction, Beccaria ne va pas jusqu'à préconiser l'abandon des poursuites : « Quelquefois on s'abstient de punir un délit peu important, lorsque l'offensé le pardonne. C'est un acte de bienveillance, mais un acte contraire au bien public. Un particulier peut bien ne pas exiger la réparation du tort qu'on lui fait ; mais le pardon qu'on lui accorde ne peut détruire la nécessité de l'exemple. [...] Un citoyen offensé peut renoncer à sa portion de ce droit [de punir], mais il n'a aucun pouvoir sur celle des autres. »

La fonction d'élimination reconnue jadis à la peine n'est plus d'actualité. Relégation outre-mer et peine de mort ont disparu de notre code, et l'on peut même – exceptionnellement, il est vrai – revenir sur une peine perpétuelle incompressible. Restent les fonctions de rétribution (infliger un mal au coupable

1. *Des délits et des peines,* Éditions d'aujourd'hui, 1980, p. 17

en réponse au mal qu'il a causé en enfreignant la loi commune) et d'exemplarité (pour intimider ceux qui seraient tentés de suivre la même voie). Il y a à cela deux réponses modernes sur lesquelles le juge doit s'interroger.

Le « rappel à la loi » peut-il, dans le cas d'espèce, présenter un intérêt supérieur à la rétribution ? Plus concrètement : quel pronostic est-il possible de faire, dans son intérêt comme dans celui de la communauté, sur ce que sera le comportement futur du délinquant ? Il y aura toujours une part d'incertitude, dans un cas comme dans l'autre. La personnalisation des sanctions exige analyse du passé et du présent – mais est-ce possible ? – et pari sur l'avenir. Le doute fera-t-il pencher la solution en faveur de l'intéressé ? Que souhaite-t-il d'ailleurs lui-même : une peine d'emprisonnement avec sursis, qui terminera ses relations avec la justice, persuadé qu'il est de ne pas récidiver ou de n'être pas repris, ou bien un suivi éducatif, parfois prolongé ? En tout cas, si rappel à la loi il doit y avoir, ce ne peut être, on l'a vu, que dans un cadre judiciaire qui suppose une solennité.

L'exemplarité d'une peine prononcée dans une affaire particulière n'est pas prouvée.

Elle doit en tout cas être distinguée du sentiment qu'exprime l'opinion publique : l'horreur pour les crimes, et l'insécurité pour les délits. Cela fixe déjà la limite d'une justice non violente, qui ne saurait s'exercer contre un sentiment de rejet général. Et qui surtout doit être expliquée.

Mais, dans nombre de cas, ce qui importe, c'est d'interrompre l'engrenage de la violence et ce n'est pas toujours en utilisant celle-ci, même encadrée par la loi, que l'on y parvient. Si l'on revient au cas du mineur délinquant, sa propre violence est souvent une réaction à la violence qu'il subit dans ses conditions de vie, qu'elle tienne à des difficultés familiales, à la cité dans laquelle il loge, à son niveau scolaire, au chômage, à la drogue... Faut-il y répondre par une sanction violente qui peut l'ancrer dans un système où seule la force est payante ? Il est de l'intérêt du mineur comme de la société d'interrompre un cycle qui n'est pas fatal. Le juge des enfants peut le faire à deux moments : d'abord, lorsque l'enfant est en danger, par une mesure d'assistance éducative ; ensuite, s'il devient délinquant, en accordant sa décision à l'esprit de l'ordonnance fondatrice du 2 février 1945.

Mais cela ne concerne pas les seuls mineurs. Dans l'intérêt même de la société, le choix du magistrat est plus complexe que par le passé, mais c'est là sa fonction. À lui de la remplir pleinement.

CHAPITRE III

De l'irresponsabilité à la responsabilité

« Ayant rendu pour de l'argent une sentence injuste, Sisamnès avait été, sur ordre de Cambyse, égorgé, écorché de la tête aux pieds ; dans la peau arrachée de son corps, Cambyse avait fait tailler des bandes de cuir qu'on avait tendues sur le siège où Sisamnès s'asseyait pour rendre la justice ; et, le siège une fois recouvert de ces bandes, il avait désigné pour être juge à la place de Sisamnès, qu'il avait fait mettre à mort et écorcher, le fils de Sisamnès, en lui commandant de se rappeler sur quel siège il était assis quand il rendait la justice » (Hérodote, V, 25, cité par Robert Jacob dans son commentaire du tableau de Gérard David, *La Justice de Cambyse* [1498], musée Groeninge, Bruges).

« Le supplice ne marque aucune discontinuité dans l'exercice de la justice, écrit encore Robert Jacob. Au contraire, il la reconstitue, la vivifie, témoigne de son aptitude à surmonter les crises. Si la justice mérite respect, c'est qu'elle ne s'applique pas au seul justiciable ; le juge lui aussi répond devant elle. Le corps judiciaire tire sa force de sa capacité à trancher sans faiblesse ses membres pourris. La peau du père fautif sur quoi s'assied le fils est le signe le plus éclatant de la légitimité de l'institution, le gage de l'intégrité des juges à venir. [...] L'ancien droit prescrit des sanctions. [...] contre le juge qui s'est rendu responsable d'une violation du droit ou d'une erreur judiciaire. [...] Aux fautes plus graves, déni de justice, abus de pouvoir et surtout corruption sont attachées des sanctions autrement lourdes : bannissement, châtiment corporel, peine de mort. Ces manquements-là sont tenus pour des infidélités du juge à son serment, punis comme parjure donc. [...] Il faut attendre la fin du XVIIe siècle pour que la sévérité de la répression s'atténue brusquement. [...] Au procès et à l'exécution publique, on préféra la pression discrète sur le magistrat défaillant pour l'amener à la démission. La discipline judiciaire entrait dans l'âge du velours, que le gant fût ou non tenu d'une main de fer[1]. »

1. Robert Jacob, *Images de la justice*, *op. cit.*

Il arrive qu'un magistrat, aujourd'hui comme hier, soit l'auteur d'une infraction ; des exemples, heureusement rares, peuvent être cités. Comme tout homme, il est susceptible d'imprudence dans la conduite de son véhicule et de causer mort ou blessures. Exceptionnellement, il risque de chercher à tirer un profit personnel – d'ailleurs médiocre – de l'exercice de sa fonction. Sa responsabilité pénale est entière. Deux infractions spécifiques peuvent même lui être imputées : le déni de justice, lorsque, requis solennellement de statuer, il n'a pas répondu ; et surtout la sollicitation ou l'agrément de dons, présents ou avantages quelconques pour accomplir un acte de sa fonction, ou s'abstenir de le faire.

Des justiciables mécontents du sort qui leur a été réservé rêvent de voir le magistrat jugé pénalement, quitte à imaginer de prétendus abus d'autorité par une interprétation toute personnelle des textes ; les constitutions de parties civiles, qui ouvrent la voie à des procédures, ne sont plus exceptionnelles. La pénalisation des comportements humains, c'est-à-dire la tentative de stigmatiser une culpabilité au-delà de la simple responsabilité, se développe. Pourquoi les magistrats seraient-ils épargnés par ce mouvement de fond qui recherche la punition de l'autre surtout s'il n'est, comme ici, même pas pécuniairement responsable des fautes commises dans l'exercice de ses fonctions ?

Maudire son juge en cas de décision défavorable incite à tenter de la faire reconsidérer, mais aussi à rechercher une contrepartie en essayant de prouver que la justice a mal fonctionné, qu'une faute a été commise.

La loi organise les voies de recours, principalement l'appel pour faire rejuger l'affaire, en fait et en droit, puis le pourvoi en cassation pour faire vérifier que la loi a été correctement interprétée dans le cas d'espèce. Sans oublier qu'à Strasbourg la Cour européenne des droits de l'homme apprécie si ces droits ont été respectés. En cas de réponse négative, une loi du 15 juin 2000 permet la réouverture du procès en France si une commission nationale l'autorise. Une décision erronée ne peut être révisée que dans ce cadre ; celui ou ceux qui l'ont prise n'en sauraient être tenus personnellement responsables. On ne demande pas compte de sa faute éventuelle à celui qui, dans ses fonctions, est chargé de rechercher la faute, même légère, d'autrui (médecin, entrepreneur, conducteur...) pour le condamner, y compris pénalement.

Cela ne signifie pas que la victime d'un dysfonctionnement de la justice ou d'une faute d'un magistrat soit désarmée, mais c'est contre l'État qu'elle devra agir pour obtenir réparation si les conditions restrictives fixées par la loi sont remplies. Lorsque le fonctionnement de la justice a été défectueux, il faudra prouver soit une faute lourde soit un déni de justice. Si l'on reproche à un juge une faute personnelle, ce n'est pas lui qu'il faut mettre en cause mais l'État, lequel, condamné, pourrait ensuite se retourner contre le magistrat ; mais il n'est pas d'exemple d'exercice d'une telle action récursoire. Une détention provisoire non suivie d'une condamnation donne lieu à indemnisation de celui qui a été incarcéré à tort, mais sans mise en cause du magistrat qui avait décidé l'incarcération. Enfin c'est un État que condamne la cour de Strasbourg en cas de non-respect d'un droit de l'homme, non celui qui a rendu la décision.

Pour rétablir la paix sociale, un magistrat peut imposer à autrui, au besoin par la force, des contraintes parfois sévères. S'il est légitime que, détaché de tout intérêt personnel, il soit à même de le faire à l'abri de tout harcèlement qui le rendrait dépendant des plus vindicatifs, il ne l'est pas moins que la pertinence de sa décision soit soumise à un contrôle d'autres juges et, d'autre part, qu'une victime du service public ne reste pas sans recours.

L'intérêt même du justiciable commande que le magistrat soit dégagé de la crainte d'interventions extérieures, y compris dans les apparences, ce qui ne signifie pas l'immunité; c'est à l'intérieur du corps, au disciplinaire, que doit être jugé le magistrat pour apprécier s'il y a toujours sa place, et laquelle.

Après des décennies de complaisance, au cours desquelles les comportements incompatibles avec les règles professionnelles étaient réglés dans la clandestinité par des arrangements (démission ou demande de mutation), on est revenu depuis plusieurs années à une pratique plus rigoureuse qui consiste pour le garde des Sceaux, seul compétent, à saisir le Conseil supérieur de la magistrature de poursuites disciplinaires. De la réprimande à la révocation en passant par le déplacement d'office ou le retrait de certaines fonctions, la gamme des sanctions permet une meilleure redistribution des rôles dans l'intérêt du justiciable. Il est même souhaitable que le Conseil supérieur soit saisi par d'autres que le ministre de la Justice, comme le prévoit d'ailleurs un projet.

Depuis peu, le Conseil supérieur de la

magistrature a décidé la publicité de ses débats en matière disciplinaire, et ce conformément aux dispositions de la Convention européenne des droits de l'homme qui s'imposent à la loi nationale, laquelle, héritière du passé, avait retenu le huis clos. Qui juge publiquement doit être jugé publiquement.

La responsabilité disciplinaire, effectivement mise en œuvre, rappelle la véritable dimension de la profession. Elle trace la voie de l'éthique du magistrat, et lorsqu'elle est intégrée par chacun, rend sans objet le recours à d'autres formes de responsabilités. Se dégage alors le fondement de l'engagement pris solennellement, publiquement, devant leurs aînés par ceux qui choisissent cette profession. Ce serment n'est pas une formalité administrative nécessaire mais surannée. En le violant, le magistrat se parjure ; il trompe ceux avec lesquels il travaille et ceux qui, s'adressant à lui, attendent de lui qu'il respecte des engagements aux fortes exigences morales.

Toute profession attend de ceux qui l'exercent des règles de civilité. Les obligations des magistrats font l'objet de textes solennels. « Je jure de bien et fidèlement remplir mes fonctions, de garder religieusement le secret des délibérations et de me conduire en tout comme un loyal et digne magistrat. [...] Tout manquement par un magistrat aux devoirs de son état, à l'honneur, à la délicatesse ou à la dignité constitue une faute disciplinaire » (articles 6 et 43 du Statut de la magistrature).

Ces règles ne sont en rien des contraintes mais sont de celles qui élèvent l'homme, l'aident à se trouver et par là à reconnaître son semblable dans l'autre, quel qu'il soit. À être digne pour respecter la dignité de ceux qui attendent du magistrat une décision. Elles conduisent de l'irresponsabilité civile au sens de la responsabilité qui seul autorise l'exercice de la fonction de magistrat.

Deuxième partie

LE MAGISTRAT ET LES POUVOIRS

Il faut citer ici le célèbre passage de Montesquieu :

« Il y a dans chaque État trois sortes de pouvoirs : la puissance législative, la puissance exécutrice des choses qui dépendent du droit des gens et la puissance exécutrice de celles qui dépendent du droit civil.

« Par la première, le prince ou le magistrat fait des lois pour un temps ou pour toujours, et corrige ou abroge celles qui sont faites. Par la seconde, il fait la paix ou la guerre, envoie ou reçoit des ambassades, établit la sûreté, prévient les invasions. Par la troisième, il punit les crimes ou juge les différents des particuliers. On appellera cette dernière la puissance de juger, et l'autre simplement la puissance exécutrice de l'État. [...]

« Il n'y a point encore de liberté si la puissance de juger n'est pas séparée de la puissance législative et de l'exécutrice. Si elle était jointe à la puissance législative, le pouvoir sur la vie et sur la liberté des citoyens serait arbitraire : car le juge serait législateur. Si elle était jointe à la puissance exécutrice, le juge pourrait avoir la force d'un oppresseur. [...]

« La puissance de juger ne doit pas être donnée à un sénat permanent, mais exercée par des personnes tirées du corps du peuple, dans certains temps de l'année, de la manière prescrite par la loi, pour former un tribunal qui ne dure qu'autant que la nécessité le requiert.

« De cette façon, la puissance de juger, si terrible parmi les hommes, n'étant attachée ni à un certain état ni à une certaine profession, devient, pour ainsi dire, invisible et nulle. On n'a point continuellement des juges devant les yeux et l'on craint la magistrature, et non pas les magistrats. [...]

« Mais si les tribunaux ne doivent pas être fixes, les jugements doivent l'être à un tel point qu'ils ne soient jamais qu'un texte précis de la loi. S'ils étaient une opinion particulière du juge, on vivrait dans la société sans savoir précisément les engagements que l'on y contracte.

« Il faut même que les juges soient de la condition de l'accusé, ou ses pairs, pour qu'il ne puisse pas se mettre dans l'esprit qu'il soit tombé entre les mains de gens portés à lui faire violence. [...]

« Des trois puissances dont nous avons parlé, celle de juger est en quelque sorte nulle. Il n'en reste que deux. [...]

« Quoique en général la puissance de juger ne doive être unie à aucune partie de la législative, cela est sujet à trois exceptions, fondées sur l'intérêt particulier de celui qui doit être jugé. [...] Il faut donc que les nobles soient appelés, non pas devant les tribunaux ordinaires de la nation, mais devant cette partie du corps législatif qui est composée de nobles. [...] Les juges de la nation ne sont, comme nous avons dit, que la bouche qui prononce les paroles de la loi ; des êtres inanimés qui n'en peuvent modérer ni la force ni la rigueur. [...] C'est à l'autorité suprême (de cette partie du corps législatif) à modérer la loi en faveur de la loi même, en prononçant moins rigoureusement qu'elle. [...] Il pourrait encore arriver que quelque citoyen, dans les affaires publiques, violerait les droits du peuple, et ferait des crimes que les magistrats établis ne sauraient ou ne voudraient pas punir. [...] Il faut, pour conserver la dignité du peuple et la sûreté du particulier, que la partie législative du peuple accuse devant la partie législative des nobles, laquelle n'a ni les mêmes intérêts qu'elle, ni les mêmes passions » (*De l'esprit des lois*, XI, 6 : « De la Constitution d'Angleterre »).

Que de discours, y compris dans des rencontres internationales, revendiquent le patronage de Montesquieu pour affirmer la réalité d'un pouvoir judiciaire et le mettre en perspective avec les deux autres dans l'espoir de le voir partager leur légitimité ! C'est pourquoi il est nécessaire de relire notre auteur, qui écrivait au XVIIIe siècle sous un régime monarchique, dans une société d'ordres essentiellement rurale avec des classes laissant de côté ceux qui n'appartenaient même pas au tiers état.

Cette classification tripartite a vite révélé ses limites et appelé des extensions. « Le pouvoir de surveillance et d'opinion, qui est le quatrième pouvoir dont on ne parle point, appartient à tous les individus. C'est le pouvoir qui constitue la souveraineté nationale » (*La Bouche de fer*, journal du Club des Cordeliers, 1791, cité dans « La République des médias », *Note de la fondation Saint-Simon*, mars 1994).

On est passé de l'organisation de l'État à la

prise en compte de l'opinion publique exprimée par la presse, qui fait une irruption remarquée et va influencer les comportements. Poursuivons dans cette voie. À l'aube du XXIe siècle, à côté du Parlement, qui encadre le comportement de chacun par des lois, du gouvernement qui, définissant et conduisant la politique de la nation, va peser également sur les citoyens, de la presse, qui va aussi les influencer en leur communiquant des informations et des idées, tout homme voit sa liberté conditionnée par les décisions de ceux qui détiennent un pouvoir en matière économique et scientifique. Plutôt que de s'interroger sur la légitimité de ces pouvoirs, il faut constater qu'ils sont bien réels et rechercher s'ils sont soumis à un contrôle des autres pouvoirs.

Quels sont donc les prérogatives des magistrats face à tous ces pouvoirs, celles de chacun d'eux et non pas de l'autorité judiciaire ?

CHAPITRE PREMIER

Le magistrat, la loi et le pouvoir législatif

Dans le droit fil de Montesquieu, le droit révolutionnaire exigeait du juge qu'il en référât au législateur s'il ne savait comment interpréter une loi. Le pouvoir de fixer les règles ne se partageait pas. L'ancien Code pénal incriminait de forfaiture les magistrats qui « se seraient immiscés dans l'exercice du pouvoir législatif soit par des règlements contenant des dispositions législatives, soit en arrêtant ou suspendant l'exécution d'une ou de plusieurs lois, soit en délibérant sur le point de savoir si les lois sont publiées ou exécutées ». On reconnaîtra là la crainte d'un retour au pouvoir des parlements de l'Ancien Régime. Le nouveau Code pénal n'a pas repris ce texte et les temps ont bien changé.

Le réservoir des lois déborde. Nul n'est censé les ignorer, mais nul ne peut prétendre les connaître toutes. Selon le choix que fait le magistrat pénaliste de retenir une infraction plutôt qu'une autre, les répercussions sociales peuvent changer considérablement. L'interprétation des textes conduit à l'élaboration d'une jurisprudence qui se surajoute à la loi. Enfin, en invoquant un traité international, le magistrat peut déclarer inapplicable une loi française. Surgit alors la crainte d'un « gouvernement des juges ».

Les avatars des lois méritent examen, soumises qu'elles sont aux principes et circonstances de fait qui les ont inspirées mais qui évoluent avec le temps et appellent des revirements de jurisprudence. On sait que le droit de la responsabilité, au XXe siècle, a été essentiellement de caractère jurisprudentiel à partir de quelques mots autrement interprétés du Code civil de 1804. Récemment encore, la Cour de cassation a jugé que les parents d'un enfant mineur qui avait causé un dommage étaient responsables de plein droit alors que jusque-là ils pouvaient s'exonérer de toute réparation en prouvant qu'ils n'avaient commis aucune faute de surveillance et d'éducation. On mesure aujourd'hui les conséquences d'une pénalisation excessive de la société. Celle-ci résulte d'un arrêt de la Cour de cassation du 18 décembre 1912 qui a décidé que la faute la plus légère, même d'abstention, ayant causé un dommage non seulement doit entraîner une réparation civile mais encore justifie le prononcé d'une sanction pénale[1]. Dans un autre domaine, on a pu mesurer les conséquences financières pour les banques quand la Cour de cassation a condamné l'usage des « jours de valeur » qui différaient ou avançaient les dates de crédit ou de débit.

Des lois pourtant fondamentales et qui étaient violées n'ont parfois été appliquées que tardivement. Un exemple en est donné par la pratique de la torture, considérée aujourd'hui comme une infraction majeure, susceptible même de constituer un crime contre l'humanité. Qu'elle ait été qualifiée de préparatoire pour obtenir des aveux ou de préalable avant l'exécution pour connaître le nom des complices, la « question » fut légale jusqu'à la veille de la Révolution. Illégale, elle n'en a

1. Un ouvrier savait qu'il ne fallait pas utiliser un ascenseur dont les guides n'étaient pas fixés. Des madriers avaient d'ailleurs été posés pour en interdire l'accès, mais ils avaient été dérobés au cours de la nuit. Croyant l'interdiction levée, l'ouvrier avait emprunté l'ascenseur avec un tiers qui fut blessé... « La légèreté de la faute commise par l'entrepreneur ne peut avoir d'autre effet que celui d'atténuer la peine encourue. »

pas moins été longtemps tolérée pour obtenir des aveux ou des renseignements et même, pendant la guerre d'Algérie, certains responsables l'ont commandée[1]. L'illégal étant enfin devenu intolérable, des poursuites ont été exercées en cas de manquement par des forces de sécurité.

Et comment expliquer aussi que des autorités constituées, chargées de missions élevées dans un cadre religieux ou éducatif, aient pu, alors qu'elles en étaient informées, tolérer que des gens placés sous leur autorité aient porté des atteintes aussi graves à la personne que des agressions de nature sexuelle sur des enfants ?

On verra encore (*infra*) comment face au pouvoir économique, la même évolution s'est produite et comment le nouveau regard porté sur les infractions a conduit à recourir à des textes répressifs jusque-là inappliqués en l'espèce.

Le pouvoir accordé aux magistrats du parquet de ne pas poursuivre, par opportunité, des faits que la loi qualifie d'infractions, et l'obligation pour les juges civils, sous peine de déni

---

1. Déclaration des généraux Massu et Aussaresses au *Monde* du 23 novembre 2000.

de justice, de statuer même si la loi est silencieuse, obscure ou insuffisante, donnent la mesure de leur liberté d'appréciation. Mais c'est la loi elle-même qui leur ouvre ces perspectives. Notons-en toutefois les limites : une loi pénale est d'interprétation stricte ; une loi estimée obscure peut être éclairée par l'intention du législateur telle qu'elle apparaît dans les travaux préparatoires ; le magistrat ne statue que pour une affaire déterminée et ne peut donc poser une règle générale.

C'est cependant oublier le rôle de la jurisprudence qui naît de l'ensemble des décisions rendues dans des affaires comparables et que les juristes ne manquent pas d'invoquer parallèlement à la loi. Plus fragile en apparence, elle n'en contribue pas moins à renforcer la sécurité que chaque citoyen est en droit d'attendre de la règle applicable à tous.

D'où l'impérieuse nécessité pour le magistrat de statuer dans son temps et pour son temps, d'infléchir ou de ne changer sa jurisprudence qu'avec prudence et en fonction des évolutions sociales que la loi tarde à prendre en compte.

Jusque-là, on a vu le magistrat agir dans le cadre de la loi nationale. Mais la Constitution lui donne le droit d'écarter celle-ci lorsque ses dispositions sont contraires à un traité ratifié par le Parlement. Déjà soumis à la censure du Conseil constitutionnel qui peut abroger des articles d'une loi votée, le législateur peut se voir opposer par les juges des règles élaborées notamment dans les instances des deux Europe, celle de l'Union et celle du Conseil.

Dans la première, l'Europe des Quinze, la Cour de justice, qui siège à Luxembourg, veille à l'application de règles communes de plus en plus développées et peut même, à la demande d'une juridiction de l'un des pays, fixer l'interprétation à en donner, influant ainsi sur la décision à prendre. Juge de droit commun des textes communautaires, le magistrat français est parfois conduit à écarter une loi française contraire. Il suffira, à ce sujet, de rappeler le célèbre arrêt Jacques Vabre de le Cour de cassation du 24 mai 1975 : « L'article 95 du traité du 24 mars 1957 doit être appliqué en l'espèce, à l'exclusion de l'article 265 du Code des douanes, bien que ce dernier texte fût postérieur. » À donc été écartée une loi imposant l'importation d'un café soluble fabriqué dans un autre pays de la Communauté à un coût supérieur à celui retenu pour un produit identique d'origine française, et ce en application du principe de libre circulation des marchandises entre les pays ayant adhéré au traité.

Au sein du Conseil de l'Europe, c'est la Cour européenne des droits de l'homme, siégeant à Strasbourg, qui peut condamner les États lorsqu'une décision n'a pas respecté la Convention européenne de sauvegarde des droits de l'homme et des libertés fondamentales signée à Rome le 4 novembre 1950. La France a tardé à la ratifier (3 mai 1974) et encore plus à autoriser tout citoyen s'estimant victime d'une atteinte à ses droits à saisir directement la cour (2 octobre 1981). Mais, depuis, ce traité a modifié sensiblement le regard porté par les juges sur la loi comme sur leurs propres pratiques soit que son application soit de plus en plus souvent réclamée par les avocats, soit que les juges l'invoquent d'office. Citons, par exemple, après des condamnations de la France, la jurisprudence de la Cour de cassation qui anticipe sur une loi pour réglementer les écoutes téléphoniques ou pour permettre le changement à l'état civil du sexe ou du prénom des transsexuels, et s'écarte ainsi d'un principe dégagé au XIXe siècle qui voulait que l'état civil des personnes fût indisponible, c'est-à-dire non modifiable. C'est aussi en invoquant le traité de Rome que le Conseil supérieur de la magistrature a décidé la publicité des débats en matière disciplinaire, pourtant prohibée par la loi nationale. D'autres exemples pourraient être cités, notamment en matière d'égalité des armes entre l'accusation et la défense, d'accès à la justice, d'impartialité du tribunal, de durée de la procédure ou de la détention... Cela a conduit les magistrats à s'interroger sur l'étendue des pouvoirs que la loi leur reconnaît au regard des droits des justiciables. La loi ne doit établir que des peines strictement et évidemment nécessaires (article 8 de la Déclaration de 1789). Les mêmes critères s'imposent aux magistrats, surtout lorsque la loi paraît leur laisser une grande latitude.

Une autre forme d'internationalisation changera encore les données. Sont entrées dans le champ du droit pénal des infractions appelant une répression internationale (génocide, crimes contre l'humanité, crimes de guerre et bientôt crime d'agression), et ce devant des juridictions internationales. Ce fut le cas devant les juridictions de Nuremberg et Tokyo après la Seconde Guerre mondiale, puis devant celles de La Haye et Arusha pour des faits commis dans l'ex-Yougoslavie et au Rwanda; ce sera demain la conséquence de la mise en place d'une cour pénale internationale permanente lorsque soixante pays auront ratifié la convention de Rome du 17 juillet 1998. Avec des particularités juridiques : responsabilité personnelle des chefs d'État, enquête sur le territoire national du procureur international, remise à la cour d'une personne alors qu'elle bénéficierait en France de l'amnistie ou de la prescription. Pour que le traité puisse être ratifié par notre pays, il a fallu modifier la Constitution. De même les années à venir verront la mise en place d'Eurojust, en parallèle avec Europol, qui pourra enquêter sur tout le territoire de l'Union européenne, voire d'un procureur spécial chargé des investigations en matière de fraude à la Communauté comme le voudraient des propositions soumises à la Commission européenne[1]. D'où des rapports nouveaux qui pourraient modifier les comportements des magistrats français appelés à collaborer avec des collègues étrangers.

Mercure (Hermès), se rappelant qu'il était aussi le dieu des voyageurs, a répandu en Europe et au-delà son double domaine de compétence : il est le dieu des marchés,

1. Mireille Delmas-Marty (dir.), *Corpus juris*, Economica, 1997.

des marchands, des bénéfices mais aussi celui des voleurs. À Thémis de le suivre sur ces deux terrains en franchissant également les frontières.

Peut-on dès lors parler de gouvernement des juges ? L'affirmer, c'est méconnaître la réalité. D'abord, le magistrat tient de la loi elle-même ses pouvoirs de l'interpréter,voire de l'écarter. Ensuite, les arrêts de la Cour de cassation, interprète en dernier ressort de la conformité des décisions à la loi, n'ont d'autorité que dans l'affaire qui lui est soumise et ne s'imposent, en cas de cassation, à la juridiction de renvoi que si la Cour a statué en assemblée plénière. Enfin et surtout, le législateur peut toujours s'opposer à une jurisprudence en modifiant la loi existante. Seule exception : le Parlement ne peut, par une loi rétroactive, infléchir le cours d'un procès engagé. Mais il lui est en revanche arrivé, réuni en Congrès, de modifier la Constitution pour permettre en matière d'asile, d'immigration ou de franchissement des frontières l'application d'un texte que le Conseil constitutionnel avait précédemment annulé.

Les lois des 13 mai 1996 et 10 juillet 2000 donnent un exemple particulièrement significatif du pouvoir qu'a le Parlement de changer une jurisprudence qui, on l'a vu, qualifiait de pénale la faute des plus légères qui avait causé la mort ou des blessures à autrui. En réaction à cette pénalisation, qui transformait tout responsable civil en coupable et qui s'appliquait de plus en plus souvent à des élus, le législateur a posé des limites à la responsabilité en l'écartant en cas de diligence normale et en exigeant, en cas de cause indirecte, des violations manifestement délibérées des obligations de prudence ou de sécurité ou des fautes caractérisées exposant à un risque d'une particulière gravité qui ne pouvait être ignoré. La Cour de cassation a aussitôt invalidé des condamnations rendues en application de l'ancienne jurisprudence.

De plus, les lois modernes se placent sous le signe des droits fondamentaux. Ainsi, la loi du 29 juillet 1998 relative à la lutte contre les exclusions invoque, dans son article premier, l'égale dignité de tous les êtres humains et leurs droits à l'emploi, au logement, à la protection de la santé, à la justice, à l'éducation, à la formation, à la culture, à la protection de la famille et de l'enfance. Depuis le 15 juin 2000, le Code de procédure pénale, dans un article préliminaire, rappelle les principes directeurs de la procédure à suivre, les droits des victimes comme des personnes poursuivies.

Le magistrat est désormais requis d'interpréter un texte protecteur des droits dans le sens indiqué par le législateur; celui-ci s'approprie ainsi la démarche judiciaire lorsqu'elle tendait à faire prévaloir le traité sur la loi. Il ne s'agit plus d'écarter une loi mais de trouver l'esprit dans lequel l'appliquer. Par exemple, en matière de durée de la détention provisoire, il existe un double délai : celui, maximal, prévu par le code et, à l'intérieur de celui-ci, celui qui découle de la disparition des conditions qui avaient initialement permis l'incarcération, c'est-à-dire notamment les nécessités de la procédure.

Grâce à la participation des magistrats à des commissions préparant des réformes législatives, à leur audition par les commissions des lois des deux assemblées et au rapport annuel de la Cour de cassation, qui permet aux principaux membres de cette cour de proposer des améliorations aux difficultés constatées dans l'application des lois, des relations de dialogue peuvent se nouer.

En dehors de ces derniers cas, somme toute limités, le magistrat songe à la loi, non au législateur.

CHAPITRE II

Le magistrat et le pouvoir exécutif

Autre est ici la situation avec un Premier ministre chargé constitutionnellement d'assurer l'exécution des lois et un ministre ayant dans ses attributions la Justice. Si la loi est générale, son élaboration publique et son texte publié, les relations gouvernement-magistrats peuvent emprunter des voies discrètes. Les interférences sont inévitables, car tous deux doivent répondre à l'insécurité, qu'elle résulte de la délinquance ou des conditions économiques du moment. Elles sont intolérables s'il s'agit de pressions intéressées pour détourner le magistrat de sa mission.

Écartons d'emblée une affirmation parfois avancée : les magistrats auraient une revanche à prendre sur un pouvoir qui les aurait longtemps tenus pour négligeables. Si c'est sur le plan matériel, celui qui choisit la fonction publique sait d'avance ce qu'il doit en attendre. Si c'est sur celui de la considération, elle ne peut résulter que des actes accomplis, et tant pis pour celui qui ne pourrait les justifier. Et comment parler de revanche lorsque la seule arme utilisée est celle de l'application de la loi, et ce publiquement ?

Il faut distinguer dans les relations.

Par le choix des magistrats, lorsqu'il relève encore de lui, le gouvernement, en privilégiant ceux avec lesquels il se croit en communauté d'opinion, peut penser sinon les influencer, du moins espérer qu'ils prendront spontanément des décisions conformes à ce qu'il attend. Le Conseil supérieur de la magistrature, qui a l'initiative de la désignation des présidents de juridictions et dont l'avis sur les nominations des autres magistrats du siège ne peut être écarté lorsqu'il est négatif, met les juges à l'abri de ce risque. Risque qui pourrait être encore limité si la révision constitutionnelle envisagée, mais non menée à terme élargissait la composition du Conseil en direction de la société civile et d'une représentation plus pluraliste des magistrats. Au juge ensuite d'être lucide, pour la dépasser, sur la dépendance qui peut être la sienne à titre personnel, à l'égard d'un gouvernement dont il partage les options politiques.

La situation, au parquet, est différente : les procureurs généraux sont nommés en Conseil des ministres ; le pouvoir exécutif peut passer outre à un avis négatif du Conseil supérieur pour la nomination ou la promotion des autres magistrats. Certes, actuellement, le gouvernement a déclaré qu'il se plierait à la décision du Conseil, mais la réforme constitutionnelle qui devait consacrer l'alignement des membres du parquet sur ceux du siège est dans l'impasse. Il y va pourtant de la crédibilité de l'ensemble de l'institution ; c'est une garantie pour le juge comme pour le justiciable que celui qui assure l'interface entre ceux qui rendent les décisions d'une part, le particulier, l'opinion publique et le gouvernement d'autre part ne puisse donner prise, ne fût-ce qu'en apparence, à la suspicion. Là encore, c'est au magistrat du parquet de rester lucide sur sa situation personnelle et de ne jamais sacrifier, pour une promotion, ce qui fonde et justifie son action : la dimension morale de la profession.

Le gouvernement conçoit lui aussi des textes applicables par les juges. Saisi d'un procès dont la solution dépend d'un acte administratif, le juge pénal a le devoir d'apprécier la légalité de ce dernier ; il lui est donc loisible de la contester en l'espèce, sans toutefois aller jusqu'à l'annulation de l'acte. Tout comme il peut refuser d'appliquer une loi au nom d'un traité, il peut invoquer la loi contre un décret, et ce dans la clarté d'une audience publique.

Ce qui se fait dans la transparence ne recèle guère de risques, ainsi des circulaires d'orientation générale lorsqu'elles sont publiques ; leur légitimité résulte des pouvoirs constitutionnels du Premier ministre. Elles ne contraignent pas les juges, qui ne voient là qu'un élément parmi d'autres à prendre en compte dans leur décision. Il en va de même des demandes de poursuites qui sont soumises en audience publique à l'appréciation d'un tribunal, ainsi que des réquisitions présentées par écrit à l'audience au nom du garde des Sceaux, mais que le procureur peut critiquer publiquement au nom de sa liberté de parole. Ces deux dernières hypothèses figurent encore dans la loi.

Les difficultés surgissent lorsque le gouvernement, par des instructions clandestines, demande à un procureur de ne pas engager de poursuites alors qu'une infraction a été commise et que son auteur est identifié ou susceptible de l'être. Au magistrat du parquet de s'interroger alors sur ce que lui commande le bien de la justice et s'il doit exercer le pouvoir que lui reconnaît la loi d'apprécier l'opportunité de poursuivre ou non. Cette instruction de non-poursuite ne s'appuie sur aucun texte, mais seulement sur une tradition. Les représentants du ministère public sont statutairement « placés sous la direction et le contrôle de leurs chefs hiérarchiques et sous l'autorité du garde des Sceaux ». Cette pratique, dont il serait vain de nier qu'elle a été utilisée, peut ne pas être infondée : ainsi lorsque le parquet se voit recommander de ne pas poursuivre l'auteur d'une infraction que le Parlement va supprimer – comme cela s'est produit peu avant le vote de la loi légalisant l'avortement –, prévenir un trouble à l'ordre public plus grave que celui qui avait été causé et qui a disparu – après la fin d'une grève, par exemple.

Tout autre est le cas d'une demande de non-poursuite pour épargner un proche – un magistrat peut d'ailleurs éprouver la même tentation par amitié. Situation exceptionnelle, certes, mais qui, en affaiblissant le principe d'égalité des citoyens devant la loi et la justice, décrédibilise celle-ci aussi bien que le gouvernement. Il importe que la suppression de cette pratique, actuellement annoncée, passe dans les textes.

Cela ne signifie pas pour autant que les procureurs soient désarmés. Convaincre le gouvernement par le dialogue, par leurs écrits leur permet de déjouer le risque de pressions. Il convient que ces magistrats se sentent responsables de la fonction qui leur a été confiée. La faculté de décider de l'opportunité des poursuites ne leur a été accordée ni dans leur intérêt personnel ni dans celui du gouvernement. Ils ont la charge d'une politique de l'action publique pour répondre aux actes de délinquance dont ils sont saisis. S'il leur est loisible de ne pas poursuivre devant un tribunal, ce n'est que pour des motifs dont ils puissent répondre publiquement. Là encore, il ne s'agit pas de faire endosser la responsabilité d'un dysfonctionnement à d'autres, à la hiérarchie, mais de s'interroger d'abord sur son propre rôle. La marge d'action et de réaction d'un magistrat n'est pas négligeable. À lui de savoir s'il veut en faire usage.

L'exercice de la justice dépend aussi des

crédits qui lui sont consacrés. Lorsque les piles de dossiers en attente s'accroissent, il faut attendre de l'exécutif qu'il prenne les mesures nécessaires. Quels seraient les effets sur le budget de la nation si les milliers de justiciables par an qui ne sont pas jugés dans un délai raisonnable obtenaient de la Cour européenne des droits de l'homme la condamnation de l'État français à des indemnités importantes ? Encore faut-il s'interroger sur l'utilisation qui serait faite de crédits alloués à la justice en dehors de la satisfaction de besoins en locaux et matériels : davantage de magistrats, de fonctionnaires, de travailleurs sociaux pour faire face à la délinquance des mineurs, de personnes déléguées à des tâches de médiation, de conciliation... ? Ce qui renvoie à une réflexion sur les fonctions de la justice et aussi pour redessiner la carte des juridictions de première instance et d'appel, réforme toujours promise et toujours remise[1]. Il convient d'écarter les inté-

1. Il y a en Allemagne 16 *Länder* pour 81 millions d'habitants (contre 30 régions judiciaires rien que pour la France métropolitaine avec autant de cours d'appel, étant observé au surplus que, dans le même ministère de la Justice, les régions pénitentiaires ou de protection de la jeunesse n'ont pas les mêmes assises !) et un magistrat pour 3 897 habitants (contre un pour 9 200 dans notre pays).

rêts particuliers locaux pour s'attacher à distinguer ce qu'un citoyen s'adressant aux tribunaux doit trouver près de chez lui et ce qui supporte, voire appelle l'éloignement. S'imposent enfin des réformes de procédure qui, si elles renforcent les exigences lorsqu'une liberté fondamentale est en cause, n'hésitent pas à les alléger ailleurs.

Mais les magistrats savent aussi qu'ils ne doivent pas tout attendre de l'action gouver-

---

On ne saurait passer sous silence que parfois l'accumulation des garanties aboutit à un surcroît de travail, à des lenteurs, à un coût difficilement justifiables. L'encombrement de la Cour de cassation est la conséquence du droit, hérité de la Révolution, qu'a tout citoyen de faire vérifier par cette juridiction que la loi lui a été correctement appliquée. Mais la Cour n'est généralement pas compétente pour statuer au fond et doit donc, en cas de cassation, renvoyer l'affaire devant une cour d'appel. On peut – exceptionnellement il est vrai – être contraint de plaider huit fois un dossier (devant le tribunal, la cour d'appel, la Cour de cassation, la cour d'appel de renvoi, à nouveau la Cour de cassation statuant en assemblée plénière de dix-neuf de ses membres si la deuxième cour d'appel a statué dans le même sens que la première, devant une troisième cour d'appel, devant la cour de Strasbourg, pour faire constater un manquement aux droits fondamentaux, et enfin devant une nouvelle juridiction française si une commission l'autorise !). L'excès de garantie tue les garanties. Pourquoi alors ne pas sélectionner les pourvois à l'instar de certaines cours suprêmes étrangères, ou ne pas permettre à la Cour de cassation de statuer au fond lorsqu'elle censure une décision ?

nementale, eux qui, face à des dossiers qu'ils ne pouvaient tous traiter, ont orienté la justice vers des solutions de médiation, de conciliation. La conséquence en a été que le gouvernement a subventionné ces opérations et qu'ensuite la loi les a consacrées. À chacun de poursuivre dans cette voie.

CHAPITRE III

Le magistrat et le « quatrième pouvoir »

Qu'on l'appelle « libre communication des pensées et des opinions » (Déclaration des droits de l'homme de 1789), « liberté d'opinion » ou « liberté d'expression » qui consiste à « rechercher, recevoir, communiquer, répandre des informations ou des idées » (Déclaration et Pacte des Nations unies de 1948 et 1966; Convention européenne de 1950), cette liberté fondamentale est « un des droits les plus précieux de l'homme » (1789). De plus, pour la Cour européenne des droits de l'homme, elle vaut non seulement pour les informations ou idées accueillies avec faveur ou considérées comme inoffensives ou indifférentes, mais aussi pour celles qui heurtent, choquent ou inquiètent l'État ou une fraction quelconque de la population. Ainsi le veulent le pluralisme, la tolérance et l'esprit d'ouverture, sans lesquels il n'est pas de société démocratique[1]. La presse est, selon la formule de la cour, « le chien de garde de la démocratie ».

Il ne s'agit toutefois pas d'un droit absolu. Le 2e alinéa de l'article 10 de la Convention européenne des droits de l'homme rappelle que l'exercice de cette liberté comporte « des devoirs et des responsabilités » qui peuvent justifier que, dans une société démocratique, la loi, et elle seule, prévoie des « formalités, conditions, restrictions ou sanctions ». Mais ces restrictions ne peuvent être appliquées que

1. Le Danemark a été condamné parce qu'une juridiction de ce pays avait sanctionné pénalement un journaliste pour complicité de diffusion de propos racistes tenus par trois « blousons verts » lors d'une émission de télévision (affaire Jersild – 23 septembre 1994). – En Turquie, un jugement avait accordé un sursis à l'emprisonnement à un journaliste à condition que, pendant trois années, il ne commette aucun autre délit intentionnel en sa qualité de rédacteur en chef. « Il serait excessif de limiter de la sorte la liberté journalistique à l'exposé des seules idées généralement admises, accueillies avec faveur ou considérées comme inoffensives ou indifférentes » (Umit Erdogdou contre Turquie, 15 juin 2000). – « La cour rappelle en particulier le rôle essentiel que joue la presse dans le bon fonctionnement de la démocratie politique. [...] Il lui incombe de communiquer des informations et des idées sur les questions politiques, y compris celles qui divisent. À sa fonction qui consiste à en diffuser s'ajoute le droit, pour le public, d'en recevoir » (Sener contre Turquie, 18 juillet 2000).

dans le but pour lequel elles ont été prévues, et ce sous le contrôle de la cour.

Pour ce qui nous occupe, les restrictions prévues par le traité tiennent essentiellement à « la protection de la réputation ou des droits d'autrui, pour empêcher la divulgation d'informations confidentielles ou pour garantir l'autorité et l'impartialité du pouvoir judiciaire ». Le magistrat doit arbitrer entre deux droits : celui du journaliste et celui de la personne que ce dernier met en cause.

La loi protège les citoyens contre les injures et les atteintes diffamatoire à leur honneur et à leur considération ; de plus en plus, lorsqu'ils sont impliqués dans une procédure pénale, elle prévoit des recours pour éviter les jugements hâtifs qui les présenteraient comme coupables alors qu'ils sont présumés innocents. Statuer en cette matière ressortit au pouvoir des juges. Ce n'est pas là que se situe l'essentiel du rapport du magistrat à la presse. Celle-ci, par la diffusion d'informations et de commentaires, a la tentation de proposer un jugement au public. Elle peut le faire avec l'appui occulte de magistrats. Elle peut aussi les influencer.

Lorsque, avant un procès d'assises, un hebdomadaire alimente son serveur Minitel en posant la question « R... R... est-il coupable ?

OUI/NON », avec à l'appui un article ne laissant aucun doute sur la réponse affirmative qu'il faut envoyer, alors que cet accusé sera acquitté à l'issue de débats publics et contradictoires ; lorsque le médiateur d'un quotidien, en réponse à des lecteurs qui s'indignent de l'annonce par le journal de la prochaine mise en examen d'un personnage important de la vie publique, répond que cela a été fait notamment pour lui permettre de répondre par la même voie aux accusations pesant contre lui ; lorsqu'un chroniqueur judiciaire déclare : « On écrit et on parle pour les jurés », nul doute qu'il s'agit là de tentatives pour accréditer l'idée que justice peut être rendue en dehors des prétoires et donc sans les garanties que ceux-ci apportent.

Les différences sont grandes entre la justice rendue en audience publique et celle que voudrait la presse orientée. Les magistrats ont le devoir de porter la même attention à tous les cas dont ils sont saisis, et les affaires dites extraordinaires ne doivent se traiter qu'à l'ordinaire, avec la même garantie pour tous. La presse, heureusement, sélectionne : le nombre des affaires auxquelles elle s'intéresse est très réduit, en dehors des comptes rendus systématiques des audiences dans certains journaux de province[1]. L'intérêt varie bien sûr avec la ligne de l'organe. Le procès d'assises évoqué ci-dessus concernait un viol suivi d'assassinat, et la mise en examen annoncée mettait en jeu le fonctionnement des institutions. Heureux celui qui n'intéressera personne, sauf les juges, évidemment !

Un jugement ou un pré-jugement doivent s'appuyer sur des éléments. Le journalisme d'investigation, qui est à la recherche de sa place dans les rédactions[2], n'a évidemment pas les pouvoirs d'un juge pour interroger, perquisitionner, saisir, expertiser... Doit-il aller jusqu'à faciliter une évasion ou aider à se cacher une personne recherchée[3] ? La facilité avec laquelle on peut obtenir des photocopies de pièces d'un dossier ou l'enregistrement d'une cassette change la donne et accrédite le

1. Du 1er au 27 octobre 1994, le nombre d'articles dans la presse nationale concernant la justice s'élevait à 755 (89 % traitaient de cinq affaires, 27 % étaient consacrés à deux d'entre elles, 22,8 % s'intéressaient à la lutte contre la corruption). Ces thèmes ont été traités dans les mêmes proportions par la presse régionale (source : *Justice et Actualités*, revue [éphémère] du ministère de la Justice).

2. Jean-Marie Charon et Claude Furet, *Un secret si bien violé*, Éditions du Seuil, 2000.

3. Jacques Derogy et Jean-Marie Pontaut, *Investigation passion*, Fayard, 1993, p. 8.

sérieux de l'information. Mais manque alors la règle de la contradiction : personne n'est contraint de débattre dans un organe de presse qui le met en cause, ou dans un autre à sa convenance, des accusations dont il est l'objet. Où est cet acteur indispensable de tout procès, l'avocat ? Et qui sont les juges ?

L'antinomie essentielle tient à ce que le temps de la presse n'est pas celui de la justice. La liberté d'information appelle la relation de faits et la proposition d'un commentaire, c'est-à-dire d'un jugement. Pour les médias, les deux choses sont liées et séparées par un court laps de temps. Pour la justice, l'établissement des faits demande un « délai raisonnable », tant sont nécessaires la vérification des témoignages et la consolidation des expertises, notamment. Le jugement n'intervient qu'à la fin de l'instruction, souvent après un délai assez long, pendant lequel la clandestinité de la recherche des preuves est la règle, ce qui n'est évidemment pas satisfaisant pour l'opinion publique dans certaines affaires qui touchent à la vie sociale.

Malgré cette difficulté, il ne saurait être question de limiter la liberté de la presse, et qui s'y risquerait se heurterait rapidement aux décisions de la Cour européenne des droits de l'homme[1]. À elle, la presse, de savoir où sont « ses devoirs et ses responsabilités ».

L'utilisation officielle de la presse par des demandes de recherches ou son information par le moyen des communiqués sont limitées. Mais qu'en est-il des renseignements fournis officieusement ? « J'ai également appris que “enquêter”, pour la majeure partie de la presse, consiste, dans une affaire judiciaire, à recueillir les avis des autorités, gendarmes et magistrats », observe Joël Roman (« Leçons d'un procès », *Esprit*, mai 1993). « Les déclarations d'enquêteurs, de magistrats ou d'avocats expliquant l'infléchissement de leur stratégie par leur publication sont explicites. [...] Il est tout de même problématique que, parce qu'une parole émane d'un juge, cela suffise à lui donner force de vérité », remarquent de

1. Au Royaume-Uni, le délit de *contempt of court* interdit la publication d'articles qui tendraient à amener le public à préjuger les résultats de la procédure judiciaire. Un procès étant en cours contre le fabricant de la thalidomide, dont l'utilisation avait provoqué des malformations graves chez nombre d'enfants, le *Sunday Times* décide d'en parler ; la High Court interdit la publication d'un nouvel article. Pour la cour de Strasbourg, la garantie de l'autorité du pouvoir judiciaire, qui est un but légitime, ne justifie pas l'interdiction ; la mesure prise n'est pas proportionnée (*Sunday Times* contre Royaume-Uni, 26 avril 1979).

leur côté Jean-Marie Charon et Claude Furet (p. 78,101).

Et pourquoi parler ? Même si ce n'est pas toujours une hypothèse d'école, éliminons la tentation du vedettariat, car elle est tellement contraire à l'esprit du corps judiciaire qu'elle suscite chez lui une réprobation[1] : plaisir éphémère que celui de se croire un personnage alors que l'on attend une personne... Plus digne d'intérêt est le désir de mieux informer l'opinion publique lorsque la procédure est secrète, c'est-à-dire en cours d'enquête et d'instruction, car ceux qui n'y sont pas tenus – les parties, les témoins, les avocats lorsqu'il s'agit de faire valoir les droits de la défense, les journalistes – peuvent n'avoir de l'affaire qu'une connaissance partielle ou partiale. Comme il ne s'agit pas pour un magistrat d'ajouter à la confusion par l'exposé de sa propre thèse ou de ses convictions, la réponse la plus appropriée ne peut être que l'organisation plus rapide d'un débat contradictoire public. Ce que prévoit, sous certaines conditions, la loi du 15 juin 2000 en instituant un débat judiciaire entre tous les intéressés, c'est-

1. Jean-Marie Charon et Claude Furet, *op. cit.*, p. 137.

à-dire devant le juge des libertés et la chambre d'instruction.

La même loi va plus loin encore : « Toutefois, afin d'éviter la propagation d'informations parcellaires ou inexactes, ou pour mettre fin à un trouble à l'ordre public, le procureur de la République peut, d'office et à la demande de la juridiction d'instruction ou des parties, rendre publics des éléments objectifs tirés de la procédure ne comportant aucune appréciation sur le bien-fondé des charges retenues contre les personnes mises en cause » (article 11, alinéa 3, du Code de procédure pénale). Une seule personne parle donc : elle est l'intermédiaire obligé des juges d'instruction, avec lesquels elle peut avoir une divergence d'appréciation. L'exercice, avec ses limites, est difficile. Il ne s'agit en définitive que d'un élément d'appréciation soumis à un débat contradictoire dans la presse et non devant une juridiction qui rendra une décision motivée.

D'où la tentation d'infléchir les commentaires de la presse dans le sens souhaité, dans le but, bien sûr affiché, de faire avancer une recherche de la vérité qui connaîtrait des entraves. Il n'est pas contestable que certaines affaires ont été révélées par un média, que d'autres ont pu progresser grâce à des informations parues dans un journal. Mais, avant de prétendre que seul ce recours permet de débloquer une situation, le magistrat, au lieu de faire cet aveu de sa propre impuissance, devrait s'interroger sur les moyens internes – notamment la possibilité de laisser une trace écrite de ses déboires dans son dossier et ses décisions – qu'il a à sa disposition.

Le risque que court ici le magistrat, c'est d'abord de commettre un délit et ensuite de violer deux principes éthiques fondamentaux : le respect du secret de l'instruction et la nécessité de la loyauté dans une recherche contradictoire des preuves. Il ne faut pas confondre le secret dans l'intérêt des droits des parties et de l'efficacité des investigations avec une clandestinité honteuse.

Dans ses relations avec l'opinion publique, la justice ne doit pas craindre le regard critique porté sur son fonctionnement en général ou dans une situation particulière. C'est là un examen parfois douloureux (comme peut l'être une condamnation par la Cour européenne des droits de l'homme), mais dont il faut tirer les leçons. Elle doit d'autre part communiquer tant sur la politique qu'elle suit en matière d'action publique que sur son bilan et ses difficultés. Les moyens existent : assemblées générales, réquisitions à l'audience pour replacer une affaire dans son contexte, allocutions de rentrée au début de chaque année, pour exposer l'activité de la juridiction pendant l'année écoulée et discourir sur un sujet d'actualité ou d'intérêt juridique ou judiciaire.

Internet bouleverse la donne en renforçant la difficulté de la preuve, en limitant les moyens d'action et en multipliant les incidences internationales. Les risques pour les droits de l'homme nécessiteront des interventions judiciaires. On retrouve ici la définition initiale du quatrième pouvoir : celui d'opinion, qui appartient à tous les individus et qu'ils peuvent maintenant exercer directement.

Les relations presse-justice sont souvent passionnelles, et les risques de dérapage existent[1]. Le magistrat ne doit montrer ni connivence ni hostilité, afin de respecter, dans ses décisions, à la fois la liberté d'information, qui est fondamentale pour le citoyen, et les droits de celui-ci lorsque la loi, dans notre

1. Joël Roman, art. cité. « Ce sont les mêmes techniques professionnelles que les autres journalistes, mais, parce qu'on fait mal aux gens, il faut être totalement sûr que ce qu'on dit est vrai » (Hervé Gattegno, cité par Jean-Marie Charon et Claude Furet, *op. cit.*, p. 84).

société démocratique, a décidé qu'ils doivent primer, au besoin sous peine de sanction pénale.

Entre une presse – heureusement plurielle – au double visage de liberté fondamentale et d'activité économique et qui se réclame de la vieille loi du 29 juillet 1881 – qui marqua un grand moment pour la défense des libertés mais qui est aujourd'hui impropre à protéger le droit à l'information –, presse qui n'accepte d'autre contrôle déontologique que celui que chaque organe prévoit sans aucune transparence, et des tribunaux ayant en charge le respect des droits fondamentaux des citoyens, n'existera-t-il donc jamais que des incompréhensions, des méfiances, des complicités cachées, des condamnations réciproques ? La solution exige des deux parties plus de transparence sur ce qu'elles ont en commun : des devoirs et responsabilités.

CHAPITRE IV

Le magistrat et le pouvoir économique

« Personne n'a jamais fait gratuitement le sacrifice d'une portion de sa liberté, dans la seule vue du bien public. De telles chimères ne se trouvent que dans les romans. Chaque homme n'est attaché que pour ses intérêts aux différentes combinaisons politiques de ce globe ; et chacun voudrait, s'il était possible, n'être pas lié lui-même par les conventions qui obligent les autres hommes » (Beccaria, *op. cit.*, p. 14).

« Si j'ai été l'un des premiers chefs d'entreprise à réclamer une opération “Mains propres” pour notre pays, je n'en trouve pas moins choquant, lorsque l'on change brutalement les règles du jeu, qu'on recherche dans le passé des distorsions qui ont été longtemps tolérées, voire admises, et qui peuvent être innombrables. [...] La distinction entre corruption active et corruption passive est aujourd'hui abusive, car les entreprises sont souvent incapables de résister à certaines pressions » (Yvon Gattaz dans une « opinion » publiée par *Le Monde*).

Que la loi soit faite pour les autres et non pour soi, chaque conducteur d'un véhicule à moteur, lorsqu'il règle sa vitesse, est tenté de le croire. Et les raisons de le penser sont nombreuses, qui tiennent à la confiance que l'intéressé a, d'abord et surtout, en lui-même, puis dans son véhicule, et enfin dans l'infrastructure routière.

Il n'est pas contestable qu'il a longtemps existé, lorsque des considérations financières ou économiques entraient en ligne de compte, un illégal toléré. Comme le reconnaît Yvon Gattaz, ancien président de l'ex-CNPF, « innombrables » furent les cas dans lesquels on appliquait une prétendue règle du jeu et non pas la loi. Et ce pour les meilleures raisons du monde : une entreprise, afin de ne pas mettre ses ouvriers au chômage et de réaliser des profits, doit obtenir des marchés, au besoin en payant des dessous-de-table ; un parti, indispensable en démocratie, ne peut vivre des seules cotisations de ses adhérents ; pour leur permettre de réaliser des exploits sportifs d'un niveau de plus en plus élevé et donc d'attirer les spectateurs, avec ce que cela suppose de bénéfices, ne faut-il pas doper les concurrents ?

C'est ce qui explique que longtemps les tribunaux ne furent pas saisis ou que, lorsqu'ils le furent – exceptionnellement –, l'indulgence fut la règle. Les temps ont changé, sous une double influence que magistrats et opinion publique ont sans doute ressentie plus tôt que ceux qui vivaient tranquillement dans un système qui leur convenait. Il y eut d'abord le contraste grandissant entre une économie à même d'imposer ses règles et la montée du chômage, de l'exclusion et de la grande pauvreté. L'économie comme pouvoir plus contraignant pour le citoyen dans sa vie quotidienne que le politique ; pouvoir plus inaccessible dans la mesure où il ne tire pas sa légitimité d'une intervention populaire mais d'une idée, le libéralisme, qui a ses propres lois, celles du marché ; pouvoir, enfin, ressenti comme de plus en plus lointain – et donc incontrôlable – avec l'internationalisation croissante.

Il y eut ensuite la mise au jour d'un large système de corruption, celle-ci apparaissant comme « l'envers des droits de l'homme[1] » et ce au moment ou ceux-ci s'ancraient davantage dans la pratique judiciaire avec l'ouverture de recours individuels devant la Cour européenne de Strasbourg. Comme le dit le préambule de la Déclaration de 1789, « l'ignorance, l'oubli ou le mépris des droits de l'homme sont les seules causes des malheurs publics et de la corruption des gouvernements ». « Porteuse de discriminations et d'inégalités, la corruption est aussi appropriation abusive, donc négation du droit de propriété, tant dans sa forme privée que collective ; par son extension, elle peut devenir créatrice de monopoles qui suppriment ou affaiblissent à terme la liberté d'entreprendre[2]. »

La nécessité d'un contre-pouvoir au pouvoir économique en période de crise, l'exigence de l'égalité de tous devant la loi au nom des droits de l'homme bafoués ont

1. Ouvrage publié sous la direction de M. Borghi et P. Meyer-Bisch, université de Fribourg, 1995, p. 277.

2. Pierre Truche et Mireille Delmas-Marty, *Mélanges en l'honneur de Guy Braibant*, Dalloz, 1996, p. 715.

conduit naturellement à se tourner vers la justice, soutenue par une opinion publique lasse de la situation existante. En témoignent les informations données à la presse, documents à l'appui (ah, l'invention de la photocopieuse à la disposition de tous dans les entreprises !)...

Les magistrats se sont réapproprié des lois anciennes, jusque-là peu employées en la matière. L'initiative vint de Jean Cosson, alors magistrat au parquet de Paris, qui, saisi de faits de fraude à la TVA, dont il ne pouvait poursuivre les auteurs sans plainte de l'administration fiscale, choisit d'engager des poursuites pour escroquerie. Dès lors, le délinquant financier a été considéré comme un malfaiteur de droit commun : « [Cela] altère un peu la légende flatteuse entourant en général le pourfendeur d'un fisc dont le Français aime à se gausser. [...] Pour lutter contre l'habileté de l'homme, il n'y a que l'homme. [...] Jean Cosson nous explique comment, par un effort humain, allégeant ce qui est trop lourd, faisant peser son arme où il faut, choisissant les adversaires qui le méritent, l'homme du parquet qui aime ses fonctions a l'honneur redoutable et le privilège nécessaire du choix et de l'opportunité des poursuites. Il peut ainsi rendre à la société d'inestimables services, mais il faut qu'elle sache ce qu'elle peut et ce qu'elle veut[1]. »

Cette politique d'action publique est devenue la règle. Au début des années 1970, à Lyon, plus d'une centaine de prévenus ayant pratiqué des ventes sans factures (ou plutôt fait circuler des factures sans vente) ne furent pas condamnés pour des infractions économiques, sanctionnées de peines dérisoires, mais pour escroquerie, faux en écritures, abus de biens sociaux. L'augmentation des risques courus a délié les langues. C'était autrefois la loi du silence ; c'est à qui maintenant parlera pour ne pas se retrouver seul devant les tribunaux. Il n'y a plus guère d'homme de paille payé pour endosser les responsabilités. On recherche le décideur principal.

Pourquoi parler de gouvernement des juges alors qu'ils ne font qu'appliquer la loi, mission en vue de laquelle ils sont de plus en plus sollicités ? On les accuse alors d'avoir détourné la règle de la prescrip-

1. Maurice Rolland, préface à Jean Cosson, *Les Industriels de la fraude*, Éditions du Seuil, 1974.

tion en matière d'abus de biens sociaux, certains n'hésitant même pas à suggérer, pour s'en indigner, que cette infraction relèverait du même régime que le crime contre l'humanité !

Le temps étant présumé avoir apporté le repentir de l'auteur et l'oubli de la victime comme de l'opinion publique, la loi française ne permet pas de poursuivre une infraction au-delà d'un certain délai, mais le système, de plus en plus complexe, tant en ce qui concerne la durée[1] que le point de départ[2], ne peut qu'appeler une réforme

1. La prescription est de dix années en matière criminelle mais les crimes contre l'humanité et certains cas de désertion et insoumission sont imprescriptibles, tandis que le délai est de trois années en matière de délits mais de trois mois pour les délits de presse, six mois parfois en matière électorale, dix ans pour certains délits commis sur des mineurs et vingt ans en ce qui concerne le terrorisme et le trafic de stupéfiants.

2. Le législateur lui-même retarde parfois le point de départ de la prescription, qui sera fixé non à la date de l'infraction, comme c'est la règle, mais à la majorité des personnes qui ont été victimes de crimes ou de certains délits lorsqu'elles étaient mineures, à l'âge de cinquante ans en matière d'insoumission ou de désertion, au jugement déclaratif de cessation des paiements en matière de banqueroute et au jugement condamnant un débiteur à des dommages-intérêts lorsqu'il a organisé antérieurement son insolvabilité. La jurisprudence a étendu ces cas à d'autres infractions en matière de publicité mensongère, de jeu dans les casinos et,

législative d'ensemble et cohérente. La nécessité pour la justice d'agir en matière économique est une préoccupation internationale; l'ONU, le Conseil de l'Europe, l'OCDE se penchent sur des résolutions et des recommandations face à la corruption qui accompagne la mondialisation des affaires.

L'ancienneté des faits peut compliquer la recherche des preuves par le juge, mais son action ne saurait oublier un droit fondamental du justiciable : celui d'être jugé dans un délai raisonnable. Il faut savoir clore ses investigations et se méfier du perfectionnisme, non certes dans la qualité du travail, mais dans la volonté de toujours étendre ses investigations. Aucun magistrat n'est propriétaire des dossiers qui lui sont confiés.

---

récemment d'écoute téléphonique. En matière d'abus de confiance, la décision de principe remonte à 1890 et pour les abus de biens sociaux à 1961, sans que cela ait entraîné quelque émotion. Est-ce parce que les délinquants de l'époque n'attiraient pas l'attention sur leur cas ou parce que le principe en cause n'est guère contestable : les relations de confiance entre partenaires ne permettent pas de repérer l'infraction lorsqu'elle est commise ? Remarquons cependant qu'il est des assassinats qu'on ne découvre que plus de dix ans après leur perpétration et qui ne peuvent donc être poursuivis...

Combien paraît alors ridicule l'ultime tentative des opposants à cette action de la justice, qui dénoncent ce qu'ils croient être la revanche de magistrats trop longtemps frustrés, voire incompétents. « Il existait naguère une juridiction dite de prise à partie des juges, supprimée pour rétablir la seule responsabilité de l'État, conférant ainsi une immunité aux juges qui peuvent, comme tout homme, commettre quelques erreurs de bonne foi, remarquait encore Yvon Gattaz. Et ne pourrait-on confier les affaires importantes uniquement à des juges ayant vingt ans d'expérience et connaissant, de ce fait, les choses de la vie ? En revanche, il paraît indispensable de donner aux juges le statut social qu'ils méritent et des appointements dignes qui correspondent à leurs responsabilités et aussi à leurs risques, puisque deux d'entre eux ont été assassinés, en 1975 et en 1981. Les traiter en "petits fonctionnaires" est une cause de déclenchement de frustrations compréhensibles. L'immuable sérénité de la justice est ici en jeu[1]. » L'âge et

1. Art. cité.

l'argent comme critères de sélection des juges ! Et oublier que ces « quelques erreurs de bonne foi » seront dénoncées publiquement à l'audience...

CHAPITRE V

Le magistrat et le pouvoir scientifique Vers la confrontation à l'« anhumain »

« Les arts et la recherche scientifique sont libres. La liberté académique est respectée » (article 13 de la Charte des droits fondamentaux de l'Union européenne adoptée à Nice en décembre 2000).

Il y aurait la recherche scientifique pure et ses applications, susceptibles d'être impures donc condamnables. D'où des poursuites contre des laboratoires pharmaceutiques pour avoir mis sur le marché des « médicaments » ayant provoqué morts et infirmités (stalinon, thalidomide, talc ou poudres diverses...). Lorsque l'incendie d'une fausse grotte en polyuréthane provoqua au dancing *Le Cinq Sept* à Saint-Laurent-du-Pont, le 1er novembre 1970, la mort par asphyxie de 146 personnes, le fournisseur du produit fut condamné pour homicides involontaires et la Cour de cassation approuva cette décision parce que, « s'agissant de la vente d'une substance nouvelle dont les propriétés et les réactions n'étaient connues que des professionnels hautement qualifiés, [...] le prévenu a manqué à la prudence en se bornant à remettre aux acheteurs une fiche indiquant sous une forme lapidaire les principales utilisations possibles du produit, sans avoir mis formellement en garde lesdits acheteurs, qui étaient en la matière des profanes, contre l'étendue des dangers que pouvaient, à sa connaissance, présenter certaines de ses utilisations ». On ne parlait pas encore du principe de précaution, mais c'était déjà cela.

La suite est connue : sang contaminé par le virus du sida, fourniture, en les baptisant protéines, de produits carnés à des herbivores entraînant l'encéphalite spongiforme bovine dans un premier temps puis une variante de la maladie de Creutzfeldt-Jakob chez des hommes, cancers provoqués par l'amiante, etc. Si l'on en restait là, il suffirait de renvoyer le lecteur au chapitre précédent, consacré au contrôle des agents économiques par la justice. La qualification de fraude fut initialement retenue contre les responsables de la commercialisation de sangs contaminés.

L'extraordinaire développement de la biologie ouvre de nouvelles perspectives. La justice sera-t-elle sollicitée, ou devra-t-elle se tenir à distance respectueuse de ces savants qui travaillent pour le bien de l'humanité en laissant à d'autres le soin de la commercialisation de leurs découvertes, avec des risques d'erreurs et de drames ? Le sujet exige d'être abordé avec gravité, car il est au cœur de la réflexion sur l'homme.

« De la côte qu'il avait tirée de l'homme, Yahvé Dieu façonna une femme et l'amena à l'homme » (Genèse, II, 7 à 23). « Ô hommes, craignez votre Seigneur qui vous a créés d'un seul être et qui, ayant créé de celui-ci une épouse, a fait naître de leur union un grand nombre d'hommes et de femmes » (Coran, IV, 1). « Saraï dit à Abram : vois je te prie : Yahvé n'a pas permis que j'enfante. Va donc vers ma servante. Peut-être obtiendrai-je par elle des enfants » (Genèse, XVI, 2).

Clonage initial, mère porteuse... La reproduction dans l'ordre humain s'est faite de tous temps par la « fusion d'un spermatozoïde et d'un ovule avec association de leurs chromosomes et recombinaison des gènes parentaux, dont le résultat reste un génome unique, différent de celui du père et de la mère[1] », et cela à travers des vecteurs, les organes sexuels d'un homme et d'une femme, qui ajoutent à l'opération biologique une dimension affective (ou espérée telle) mais parfois hostile (viol). Depuis la naissance, en 1978, d'un bébé issu d'une fécondation in vitro, la procréation peut être médicalement assistée, hors relation sexuelle, mais elle exige toujours des fournisseurs de cellules de sexe différent ; il y a découplage entre sexualité et procréation. De plus, toujours d'un point de vue médical, il est possible de s'assurer de la qualité de l'embryon puis du fœtus, de « bien engendrer » (sens du mot *eugénisme)*, mais à titre individuel, indépendamment de toute doctrine et en respectant les règles du Code de la santé public et du Code pénal relatives au diagnostic prénatal et à l'avortement.

Tout autre est l'eugénisme « indispensable pour la perpétuation d'une élite » que préconisait par exemple Alexis Carrel. La mise en œuvre d'une telle pratique, tendant à sélectionner des personnes, est un crime puni de vingt années de réclusion criminelle et

1. Henri Atlan, *Le Clonage humain,* Éditions du Seuil, 1999.

devient un crime contre l'humanité lorsqu'il s'agit de mesures visant à entraver les naissances en application d'un plan concerté de destruction totale ou partielle d'un groupe déterminé à partir d'un critère arbitraire (nation, ethnie, race, religion...).

Une troisième étape se dessine. Il devient envisageable de produire (reproduire ?) un être à partir d'une cellule sans apport d'une cellule de l'autre sexe, que l'on fasse appel à une cellule de la même personne (clonage) ou d'une autre espèce, comme le singe (chimère). Vertige du pouvoir scientifique, volonté de procréer sans partenaire, création d'esclaves...

On affirme que le clone vivra de sa vie propre dans un environnement qui influera sur son évolution et sans être la reproduction à l'identique de son concepteur. Soit. Le problème de son instrumentalisation dans des tâches de soumission dans le cadre d'une politique esclavagiste est autre. L'inhumain est dans l'humain, comme le montre toute l'histoire, y compris la plus récente. Ce sont des êtres nés d'une relation entre un homme et une femme qui ont érigé en philosophie puis mis en pratique l'idée que, supérieurs à d'autres personnes également nées de l'union d'un homme et d'une femme, ils ne devaient pas les considérer comme des égaux.

Le fondement de l'égalité entre les humains est de constater qu'un homme et une femme peuvent engendrer un autre être même s'ils sont de couleur de peau, d'origine, d'ethnie et de religion différentes. Avec les clones et les chimères, on n'est ni dans l'humain ni dans l'inhumain mais dans l'« anhumain », car il faut bien nommer autrement ce qui est différent, fondamentalement.

Certes, « il existe dans la nature des lignées, clonage de vertébrés ou d'invertébrés, dont les individus sont tous identiques, entre eux et à leur génitrice, et cela depuis des centaines, voire des millions d'années. Le clonage n'est donc ni une invention de laboratoire ni contre nature [1]. » Cette opinion permet au Conseil d'État, par ailleurs hostile au clonage, d'écrire : « Il est inexact de considérer que le clonage reproductif serait contre nature dans la mesure où la reproduction asexuée existe dans le règne

1. Professeurs Thibault et Tambourin, *Les Lois de bioéthique 5 ans après. Avis du Conseil d'État du 25 novembre 1999.* Le fait pour la mante religieuse de dévorer le mâle après l'accouplement n'est-il pas lui aussi dans la nature ?

végétal ainsi que chez des invertébrés ou même des vertébrés (poissons, amphibiens et reptiles)[1]. » C'est oublier qu'il n'est pas dans la nature de ceux-ci de modifier eux-mêmes leur mode de reproduction, ce que l'homme, lui, pourrait faire demain. Le clonage humain est bien une « invention de laboratoire » contre la nature de l'homme. C'est la rupture avec une chaîne ancestrale, rupture qui ne saurait conduire à l'amélioration de l'espèce humaine, vaine utopie, comme si la tare initiale résultait de relations hétérosexuelles...

La notion d'« anhumanité » explique l'interdit, qu'il émane de la Commission nationale consultative d'éthique, du Conseil d'État, du législateur ou, sur le plan international de l'Unesco ou du Conseil de l'Europe. Cloner pour reproduire, c'est brûler le feu rouge ; le faire à des fins thérapeutiques, c'est s'engager à l'orange, ce qui est risqué. Quant à la légitimité du pouvoir scientifique, elle reste ici à démontrer.

Les litiges en matière de procréation arrivent déjà devant les tribunaux. Il y eut la nullité du contrat conclu entre un couple et

1. *Avis du Conseil d'État, op. cit.,* 1.1.1.

une « mère porteuse » ou les tentatives d'interruption de grossesse ayant manqué leur but. En décidant, le 17 novembre 2000, que les erreurs de diagnostic commises par un médecin et un laboratoire qui avaient empêché une mère d'exercer son choix d'interrompre sa grossesse afin d'éviter la naissance d'un enfant atteint d'un grave handicap provoqué par la rubéole étaient en relation de cause à effet avec ce handicap et que l'enfant pouvait demander aux praticiens la réparation de son préjudice, la Cour de cassation est allée plus loin. Au-delà du cas douloureux, cela suppose implicitement qu'un enfant – représenté dans la procédure par ses parents – demande des dommages-intérêts parce qu'il est en vie. Et qu'une vie n'est pas égale à une autre ? Mais à partir de quel degré de handicap ? Ce qui est en cause, ce n'est pas l'aide à apporter pour procurer une vie décente ; elle s'impose : c'est à la loi de prévoir, à la charge de l'assureur des praticiens fautifs, l'obligation de verser une rente à vie à celui atteint d'une infirmité dont la cause, recherchée en cours de grossesse, aurait dû être trouvée, qu'il y ait eu ou non projet d'avortement. Introduire ce dernier paramètre serait créer une différence entre les enfants, en prenant en compte le projet parental. Qui peut aujourd'hui affirmer qu'il n'y aura pas un jour une demande de réparation du préjudice de la part de ceux qui avaient envisagé un avortement, demande qui porterait non sur l'allocation de dommages-intérêts mais sur la réalisation de la situation voulue, c'est-à-dire sur l'euthanasie de l'enfant non souhaité tel qu'il est ?

La recherche scientifique peut réserver d'autres surprises. Ainsi, l'assistance médicale à la procréation réalisée par ICSI (*intra cytoplasmic sperm injection*), qui est de plus en plus utilisée, augmenterait le taux de malformations constatées à la naissance et multiplierait par 3,7 celui des anomalies chromosomiques par rapport à la fécondation in vitro. Utilisée en cas de stérilité d'un homme, elle pourrait provoquer le même trouble chez l'enfant. Or cette technique est née d'une erreur de manipulation en laboratoire et n'a pas été expérimentée sur l'animal avant d'être utilisée sur la femme[1]. Le Conseil d'État en vient à proposer comme

1. Même avis du Conseil d'État, p. 62.

indispensable un suivi des enfants nés par assistance médicale à la procréation et ce sur le long terme, voire le très long terme, pour identifier d'éventuelles maladies à déclenchement tardif. Que de procès en perspective...

Le droit moderne de la responsabilité se tourne toujours vers les responsables de rang élevé. Il n'existe pas de privilèges. Hors les cas où ils peuvent, sous certaines conditions, déléguer leurs pouvoirs, les chefs d'entreprise sont personnellement responsables à titre pénal des fautes commises par leurs préposés. En matière de presse, le directeur de la publication est responsable au premier chef. Ce qui se passe pour les deux autres pouvoirs précédemment cités est également vrai ici, d'autant plus que cela correspond depuis Nuremberg à un principe en droit pénal international et repris ensuite : « La situation officielle des accusés soit comme chefs d'État, soit comme hauts fonctionnaires ne sera considérée ni comme une excuse absolutoire ni comme un motif de diminution de la peine. »

En dehors même de la procréation, le champ scientifique entre de plus en plus dans les préoccupations des citoyens ; leurs inquiétudes s'expriment. Gageons que les recours au juge suivront. À quoi bon revendiquer la propriété de sa recherche en la brevetant si l'on n'en assume pas la responsabilité ? Aller au cœur de la matière ou au fond de l'être rend-il irresponsable ?

Précision : pas plus qu'en matière économique, il n'y a – et ne peut y avoir – de boulimie judiciaire de la part de magistrats qui chercheraient sans arrêt de nouveaux aliments à se mettre sous la dent, de nouveaux secteurs à contrôler. De même qu'il est légitime de rechercher des marchés dans le respect des règles légales, il est hautement louable d'approfondir sans arrêt les connaissances, à plus forte raison si c'est pour tenter de soigner des personnes atteintes de maladies actuellement incurables. Mais, en ce domaine aussi, on a changé d'époque avec l'accélération des découvertes, et, comme en matière économique, avec les interrogations que posent les droits de l'homme et même, plus profondément, sa nature. Si la justice doit intervenir, c'est parce que le législateur l'a voulu par les lois de 1994, qui ont une caractéristique essentielle : l'accélération du mouvement fait que le texte doit être révisé au bout de cinq années, ce qui devrait être le cas en 2001. Cela signifie que nous sommes sur un terrain évolutif. Qui donnera les repères sinon, avec d'autres, la justice lorsqu'elle sera saisie ?

Troisième partie

L'USAGE DE SES POUVOIRS PAR LE MAGISTRAT

Il ne suffit pas d'être lucide sur ses liens de dépendance, de n'utiliser la violence légale que dans la mesure strictement et évidemment nécessaire, et de se sentir responsable. Pour atteindre à la légitimité, encore faut-il prendre conscience de ses faiblesses et de ses ambitions, et s'ouvrir à l'écoute des autres. Est vaine, pour le magistrat, la discussion savante sur sa place constitutionnelle, définie comme une position de pouvoir ou d'autorité. Il a des pouvoirs et, dans le cadre de la loi, il peut contraindre, ruiner des réputations ou laisser faire. C'est d'abord sur lui-même qu'il doit agir.

CHAPITRE PREMIER

Le magistrat comme homme ou femme

L'ARGENT

Il faut bien l'évoquer puisque c'est, paraît-il, un critère essentiel de réussite. On a pu apprécier la sollicitude d'un représentant patronal qui appelle de ses vœux une revalorisation substantielle de la rémunération des magistrats. Contre-épreuve : ceux qui bénéficient de l'aide juridictionnelle pour saisir la justice attendent-ils des magistrats qu'ils ne perçoivent qu'un modeste traitement afin de mieux comprendre leurs problèmes ?

Ce n'est pas de la position sociale du juge que dépend la qualité de ses décisions. En France, celui qui choisit cette profession, que ce soit à l'issue de ses études universitaires ou après avoir exercé un autre métier, peut savoir exactement qu'elles seront ses ressources pour plusieurs années à venir. Il ne peut contester qu'elles le mettent à l'abri du besoin. L'argent n'est pas la raison de son choix. Les syndicats professionnels l'ont bien compris qui ne font plus, depuis longtemps, de l'augmentation des rémunérations une revendication essentielle. Tout au plus note-t-on un jeu qui consiste périodiquement à revendiquer la parité avec d'autres corps ayant des responsabilités comparables lorsque ceux-ci ont obtenu des avantages nouveaux.

La même question resurgit dans les échanges internationaux. Les salaires très bas que peuvent verser les autorités de pays pauvres entraînent inévitablement la recherche d'autres ressources pour satisfaire les besoins matériels, d'où un double emploi, avec ce que cela suppose de non-disponibilité et d'équivoque, voire de corruption à un niveau d'ailleurs médiocre. Les bailleurs de fonds internationaux le savent bien qui recommandent l'élévation des rémunérations comme préalable à toute réforme de la justice.

Les très rares magistrats français qui se sont laissé aller à solliciter pour eux ou leurs proches des avantages financiers qu'ils ne pouvaient obtenir de tiers qu'en raison de leur fonction le payent, maintenant, de poursuites pénales et de révocation.

Mais qu'en est-il de ce que les journalistes appellent « faire des ménages », c'est-à-dire de la recherche de ressources en dehors du travail quotidien ? S'il est interdit statutairement aux magistrats d'exercer toute autre activité professionnelle ou salariée, ils peuvent toutefois obtenir des dérogations pour donner des enseignements ressortissant à leur compétence ou exercer des fonctions qui ne sont pas de nature à porter atteinte à leur dignité et à leur indépendance.

L'enseignement, qui permet de structurer sa pensée, de revenir aux principes, de dialoguer avec des étudiants, est une excellente école pour le magistrat, qui trouve toujours intérêt à se ressourcer pour enrichir sa pratique. Autre est le cas du magistrat en fonction, ayant acquis en droit des affaires une compétence reconnue et qui souhaite exercer des arbitrages très rémunérateurs entre des parties privées qui n'entendent pas soumettre leur litige aux tribunaux. Certes, le magistrat ne doit pas craindre de se frotter à d'autres milieux que celui dans lequel il évolue habituellement, ne serait-ce, là encore, que pour nourrir son point de vue. À condition toutefois de ne pas oublier qu'il ne peut être l'arbitre choisi par une partie et surtout de ne pas laisser l'argent influencer son jugement. Et de ne pas, par son introduction dans des milieux qui y ont intérêt et qui savent appâter, par des réceptions ou des voyages, donner prise au soupçon d'une familiarité confinant à la connivence.

Il est essentiel, dans notre société, que les magistrats soient, avec d'autres, ceux qui refusent de faire de la fortune un critère de sélection entre les hommes. L'argent ne saurait être pour eux une valeur. Sinon, ils ne pourront pas juger ni ceux qui en ont beaucoup ni ceux qui en manquent cruellement, ni personne.

L'autosatisfaction

« Que doit-on penser, en voyant le sage magistrat et les ministres sacrés de la justice faire traîner un coupable à la mort, en cérémonie, avec tranquillité, avec indifférence ? Et, tandis que le malheureux attend le coup fatal, dans les convulsions et les angoisses, le juge qui vient de le condamner quitte froidement son tribunal pour aller goûter en paix les douceurs et les plaisirs de la vie, et peut-être s'applaudir avec une complaisance secrète de l'autorité qu'il vient d'exercer...

« Quel contraste affreux, que l'indolence d'un juge et les angoisses d'un accusé ! D'un côté, un magistrat insensible, qui passe ses jours dans l'aisance et les plaisirs, et de l'autre un malheureux qui languit dans les larmes, au fond d'un cachot hideux » (Beccaria, *op. cit.*, pp. 101 et 117).

Il ne s'agit pas de rejouer *La Tête des autres* de Marcel Aymé. Il ne s'agit pas davantage d'imiter ces athlètes qui, sur le stade, avant de courir, lancer ou sauter, s'applaudissent eux-mêmes bien haut afin d'inciter les spectateurs à les encourager de leurs vivats – voyez quel bon juge je suis ! –, quitte ensuite à ne pas franchir l'obstacle. Il ne s'agit pas, enfin, de s'inquiéter de son rang dans le protocole ou de son retard à être décoré, de s'enorgueillir de sa carte d'identité barrée de tricolore, de son costume d'audience, surtout s'il est rouge et garni de fourrure. Et de s'en parer en dehors des audiences, y compris dans la rue, pour tenter d'asseoir une différence (ou donner des images à la télévision ?).

Que le magistrat se garde de prendre l'accessoire pour l'essentiel, d'estimer que les pouvoirs qu'il détient – provisoirement – sont un des « plaisirs de la vie », et de se considérer comme un « personnage », à moins qu'il ne veuille entrer dans un théâtre de marionnettes.

Routine ou tradition ?

« Mais on a toujours fait comme ça. » Quel magistrat n'a pas entendu ces mots lorsqu'il envisageait de modifier une pratique qui lui semblait dépassée ? La rouille de la routine corrompt elle aussi. Au cours d'une carrière de plus de trois décennies, les évolutions sociales comme législatives font que l'acquis des premières années se trouve dépassé. Reste l'essentiel, qui permet les adaptations : les principes fondamentaux du droit.

Et l'histoire. On enseignait jadis l'histoire du droit, on s'intéresse maintenant à l'histoire de la justice. C'est elle qui rappelle que la justice non violente fut un mode efficace de résolution des conflits. C'est elle qui, à travers les épurations des magistrats[1] et les périodes troublées[2], permet d'éclaircir les relations des

1. Voir notamment Jean-Pierre Royer, *Histoire de la justice en France,* PUF, 1995.

2. Hervé Villeré, *L'Affaire de la section spéciale,* Fayard, 1973, et le film de Costa-Gavras. Ce moment de la justice est sans doute celui qui a le plus influencé les générations de magistrats de la seconde moitié du XXe siècle. *Cf.* la

magistrats au pouvoir. C'est elle encore qui permet de relativiser les résistances au changement. Lorsque s'est posée en 1897 la question de savoir s'il fallait introduire l'avocat dans le cabinet du juge d'instruction, la Cour de cassation a prédit que cela entraînerait une recrudescence de la délinquance ! Rien de tel ne s'est produit.

Changer de spécialité, mais aussi de juridiction, pour s'enrichir d'expériences différentes lorsqu'on a le sentiment de ne plus avancer, d'être installé. Changer non pour changer, mais pour s'adapter aux évolutions. Les pressentir, les accompagner lorsqu'elles sont conformes aux droits fondamentaux et vont dans le sens du progrès de ceux-ci. Mais savoir faire le tri de ce qui n'est que mode. Il est trop de réformes qui ne sont que de réaction à un cas particulier qui, à juste titre, a ému l'opinion.

Le justiciable a besoin de certitudes mais

---

circulaire du garde des Sceaux en date du 25 août 1941 adressée aux premiers présidents et procureurs généraux des cours d'appel : « Vous aurez d'abord à procéder aux désignations de magistrats de votre cour qui feront partie de cette juridiction. Vous vous attacherez à faire porter votre choix sur ceux des membres de la cour d'appel et du tribunal qui vous seront connus pour la fermeté de leur caractère et par leur dévouement total à l'État. »

adaptées au monde dans lequel il vit. Du palais à la maison de justice, les symboles évoluent. Les deux sont nécessaires D'autres symboles sont vides de sens, tel le « manteau royal » que portent encore solennellement les plus haut magistrats de la Cour de cassation et qui ne rend compte en rien de la modernité de leur jurisprudence.

Juger entre un hier connu et un demain incertain? Juger aujourd'hui.

Le temps du magistrat

Ponctuel au début des audiences, le magistrat ne peut, en dehors de cela, avoir un emploi du temps réglé; beaucoup de ses actes dépendent de circonstances imprévisibles. Selon le nouveau Code de procédure civile, lorsqu'un cas requiert célérité, « le juge des référés peut permettre d'assigner à heure indiquée, même les jours fériés ou chômés, soit à l'audience, soit à son domicile portes ouvertes ». Le juge des libertés et de la détention peut être saisi à toute heure pour statuer sur une éventuelle mise sous mandat de dépôt ou le maintien d'un étranger en situation irrégulière dans des locaux administratifs. Le procureur de la République est informé d'une garde à vue dès son début, quels que soient le jour et l'heure. Une permanence est toujours ouverte et des magistrats disponibles pour intervenir rapidement.

En dehors de ces situations, dans son cabinet – ou en partie chez lui s'il n'en a pas un au palais – puis à l'audience ou lors d'un transport civil ou pénal sur les lieux, le magistrat doit consulter le *Journal officiel* et les revues juridiques, recevoir appels téléphoniques, solliciteurs, partenaires de justice, étudier ou constituer des dossiers, prononcer des réquisitoires, écouter des plaidoiries, décider, rédiger... Rien ne peut être enfermé dans un emploi du temps rigide tant sont imprévisibles le flux des affaires ou la durée des débats.

Il est des professions qui exigent de ceux qui les exercent un rapport au temps particulier. Nul n'est obligé d'être magistrat, mais celui qui accède à cette fonction ne peut s'attendre à ce qu'elle soit circonscrite dans un cadre horaire précis et limité. Participant à la régulation de la vie sociale, faite d'attentes, d'accidents, d'impondérables, il doit y répondre dans un délai raisonnable. À trois conditions :

– Ne pas entraîner dans la même démarche

ses collaborateurs, greffiers et fonctionnaires, dont le rôle est indispensable mais dont le respect du statut est une marque de la considération qui leur est due.

– Ne pas accepter non plus que l'abondance des charges, due à l'importance du contentieux et à la complexification des procédures, conduise à restreindre si peu que ce soit sa faculté de décision. Refuser une justice hâtive. Lorsque la cour de Strasbourg, saisie de requêtes pour durées déraisonnables de procédures, se voit opposer par les gouvernements concernés les difficultés liées au trop grand nombre d'affaires, elle rétorque qu'il appartient justement à ces autorités de prendre les mesures requises pour y remédier. (Il est vrai également que cette cour ne paraît pas pouvoir obtenir les crédits nécessaires pour pallier son propre encombrement...)

– Enfin, ne pas se laisser dévorer au point de sacrifier sa vie personnelle. La magistrature est une profession qui exige certes du dévouement, mais ce n'est pas un sacerdoce exclusif et jaloux. Il y a de la vie ailleurs, qui nourrit aussi l'exercice de la profession. Il convient de ne pas attendre pour cela la retraite ; c'est trop tard. Il faut s'aérer pour ne pas se racornir.

Les attaques personnelles

Le Code pénal renferme des dispositions qui répriment d'une part l'outrage tendant à porter atteinte à la dignité ou au respect dû à la fonction dont est investi un magistrat et d'autre part le fait de chercher à jeter le discrédit sur un acte ou une décision juridictionnelle dans des conditions de nature à nuire à l'autorité de la justice ou à son indépendance. Le statut de la magistrature précise que c'est l'État qui doit réparer le préjudice direct résultant de menaces ou d'attaques, de quelque nature qu'elles soient. Le magistrat est atteint dans sa personne, mais il est protégé parce que c'est une atteinte au « respect dû à la justice ». Ce qui n'est pas le cas, selon la loi, lorsque les commentaires défavorables sont techniques ou tendent à la réformation de la décision.

Deux hypothèses donc. Il y a d'abord la protestation technique légitime contre une décision, surtout si elle est prise en début de procédure, par exemple au pénal, lorsque la culpabilité est niée et les indices et présomptions retenus contestés ou, au civil, en matière de recherche de paternité ou de difficultés d'une entreprise portées sur la place publique. L'évolution de la procédure peut apporter un regard plus affiné sur la cause avec la naissance d'un doute ou la découverte d'une preuve convaincante dans un sens ou l'autre. Si une erreur d'appréciation initiale du magistrat apparaît, la loi prévoit, sous certaines conditions, une réparation. Mais on a vu aussi une société s'offrir deux pages de publicité dans la presse sous le titre « La justice a dérapé » pour mettre en cause un procureur dont la prise de position publique initiale avait porté préjudice à ses produits, dont il avait contesté la qualité, ce que n'aurait pas confirmé une expertise ultérieure[1].

Mais il arrive aussi que la décision prise par un magistrat soit imputée à son esprit partisan. On passe alors du débat technique aux invectives. Maudire son juge, lui attribuer des arrière-pensées haineuses peut être une manière de s'autojustifier à l'égard de ses proches, voire de l'opinion publique prise à témoin. Est-ce la réaction offensée de celui qui ne peut expliquer autrement le sort qui lui est fait, ou une tentative d'intimidation du magistrat pour le pousser à la faute et donc entraîner son dessaisissement et, par voie de conséquence, porter le discrédit sur la justice ? Ce

1. *Le Monde* du 30 octobre 1999.

n'est certainement pas le plus sûr moyen de faire entendre ses arguments. C'est aussi prendre un risque, si l'accumulation des preuves met au jour la manœuvre et donc la mauvaise foi qui, étant un des éléments de la personnalité, ne peut manquer d'être prise en compte au pénal, lorsqu'il s'agit de personnaliser une peine en recherchant les éléments favorables à l'intéressé.

Pour être exceptionnelle, cette situation n'est plus rare. Elle est douloureuse pour celui qui estime en conscience que les mesures qu'il a été amené à prendre sont la conséquence des pouvoirs qui lui sont conférés et qu'il a exercés dans le strict respect de la loi. Raison de plus pour tenir toujours son rôle de tiers dans le procès. À sa hiérarchie de protéger le magistrat.

CHAPITRE II

Les chemins du procès

Le recours à la justice n'est jamais que la conséquence d'un échec. Pourquoi s'étonner dès lors des sondages défavorables qui donnent d'elle une image décriée ?

Échec d'une union.
Échec d'une relation parentale.
Échec d'une association, d'un contrat librement négocié.
Échec économique rompant des relations de travail.
Échec pour la victime d'une infraction dont l'intégrité corporelle a été bafouée, les biens atteints, l'honneur mis en cause.
Échec de l'auteur d'une infraction, banalement parce qu'il s'est fait prendre, mais surtout parce que la voie de l'illégalité qu'il a choisie suppose le refus des valeurs communes.

Échecs sur lesquels les intéressés devront revenir, à plusieurs reprises, devant des interlocuteurs différents auxquels il leur faudra livrer des pans de leur vie, y compris publiquement.

Et après un délai d'attente, ils auront éventuellement à recommencer en appel, puis devant la Cour de cassation, devant la Cour des droits de l'homme, avant de revenir enfin, maintenant, devant une juridiction française... Avec, bien sûr, un coût. Et un échec judiciaire qui peut s'ajouter à l'échec initial.

D'où la nécessité impérieuse de baliser certaines voies du procès.

Le chemin obligé, ou du complexe de François à la procédure interactive

Le premier chemin s'appelle procédure et la fin ne justifie jamais les moyens : il n'y a pas de chemin de traverse, de raccourci sous prétexte que l'essentiel est d'arriver à rapporter une preuve. L'itinéraire qui conduit du fait au droit est connu et le justiciable est fondé à exiger qu'il soit suivi. Lui seul, dûment conseillé, peut exceptionnellement accepter qu'il y soit dérogé.

Le respect de la forme est une garantie du citoyen; c'est là encore une victoire des droits de l'homme. Il n'en a toujours pas été ainsi; autrefois, par négligence ou tolérance, on ne s'intéressait qu'au fond du litige. Les avocats ont appris depuis quelques décennies à faire d'abord porter leurs contestations sur la forme. Leur formation va dans ce sens et c'est bien ainsi; celle des magistrats aussi.

La complexité formelle croissante ne doit pas être un obstacle. C'est en effet une constante du droit procédural moderne que de peaufiner davantage pour apporter de plus en plus de garanties. Un exemple au pénal : il y a quelques décennies, un juge d'instruction pouvait, de son propre chef, placer quelqu'un en détention en signant un simple mandat de dépôt non motivé. On lui fit ensuite obligation de rédiger un second écrit exposant les raisons de sa décision, dont il devait remettre copie à l'intéressé. Puis il ne put rendre sa décision qu'après un débat non public mais contradictoire entre le procureur et l'avocat de la défense. Enfin, toutes ces obligations sont maintenant à la charge d'un autre juge, devant lequel il faudra comparaître lorsqu'il aura, lui aussi, pris connaissance du dossier. Alourdissement à concilier, bien sûr, avec le respect d'un délai raisonnable pour statuer.

Mais aussi, et surtout, avec le respect des principes qui fondent les règles de procédure. Ils ont été inscrits en tête du nouveau Code de procédure civile en 1975 et, un quart de siècle plus tard, dans un article préliminaire du Code de procédure pénale. C'est dire, pour reprendre l'exemple cité, qu'il ne suffit pas d'ordonner une détention provisoire pour toute la durée prévue par la loi ; encore faut-il, à l'intérieur de ce délai, qu'elle reste limitée aux nécessités de la procédure et proportionnée à la gravité de l'infraction. D'où, pour le magistrat, la conjonction d'une technique et d'une exigence éthique. C'est l'intégration des deux dans son raisonnement qui le rend libre.

Mais pour quelle procédure ? Atteints du complexe de François (du Français ?), certains rêvent d'Amérique et de procédure accusatoire. « Y a François qui fait sa tournée à l'américaine ! » Le facteur rural de Jacques Tati dans *Jour de fête*, poussé par des petits malins, veut prouver qu'avec sa vieille bécane il peut livrer le courrier aussi vite que ce qu'il a vu faire par des Américains en hélicoptère dans un documentaire. Cette scène qui se termine par un plongeon dans une rivière est plus drôle que ce que promettent ceux qui veulent modifier génétiquement les Français pour les convertir à l'« anglo-saxonisme ».

L'imitation fait parfois rêver. Tout serait bon à prendre : le droit (surtout si l'on entend par là le droit commercial dans un contexte mondial), la procédure accusatoire mettant les parties sur le même pied, quelle que soit leur condition, devant un juge arbitre, le recours fréquent à la justice avec la multiplication des *lawyers*, dont la qualité justifierait le prix non négligeable des services.

J.P. Spencer, professeur de droit à l'université de Cambridge et excellent connaisseur du droit français, fait dans la conclusion d'un essai remarquable[1] le point sur la procédure pénale de son pays, qu'il compare au système continental. Il met à juste titre l'accent sur des avantages incontestables

1. *La Procédure pénale anglaise*, « Que sais-je ? », PUF, 1998.

(par exemple l'indépendance des juridictions et le respect du délai raisonnable, notamment dans les affaires complexes et en appel), mais il note aussi les évolutions et certains défauts. Pour lui, la procédure britannique n'est plus purement accusatoire : depuis la création du Crown Prosecution Service en 1985, la procédure n'est plus assurée par les citoyens mais par un organe officiel ; le juge à l'audience n'est plus totalement passif puisqu'il peut prendre des initiatives consistant notamment à commettre des experts en matière médicale et psychiatrique lorsqu'il s'agit de décider de la peine ; l'oralité des débats disparaît lorsque l'accusé plaidant coupable est jugé au vu de procès-verbaux, ainsi qu'en matière de *plea bargaining*, c'est-à-dire lorsqu'il y a négociation secrète avant l'audience entre l'accusation et la défense. J.P. Spencer note encore que la Cour européenne des droits de l'homme a aussi condamné le Royaume-Uni et que l'absence d'une phase préliminaire suffisamment réglementée pour les affaires très graves et très complexes, jugées rapidement, a pu conduire à des erreurs judiciaires. En procédure civile, lord Woolf, dans un rapport de 1997, dresse un état critique d'un système en raison notamment des inégalités que l'argent met entre les justiciables[1].

On retrouve cela aux États-Unis, avec de surcroît la non-ratification de traités internationaux, comme la Convention sur les droits de l'enfant, l'application de la peine de mort dans nombre d'États alors qu'elle est exclue en Europe par la Convention sur les droits de l'homme ainsi que dans les juridictions pénales internationales appelées à juger les crimes contre l'humanité, c'est-à-dire les infractions les plus graves.

Comment peut-on, en conscience, se dire juge si l'on n'a aucune maîtrise sur ce qui se passe en amont, si par exemple on se borne à prononcer une peine à partir d'une décision de culpabilité prise par d'autres ?

Ces constats n'appellent aucune autosatisfaction en faveur de notre procédure qui

1. « Quand la procédure civile ne fonctionne pas de façon effective, au lieu d'aider le citoyen à obtenir justice des tribunaux, elle peut s'interposer ou l'empêcher d'obtenir justice des tribunaux. Non pas intentionnellement, mais plutôt involontairement, elle peut créer des entraves en raison des dépenses, par des délais inéquitables et une complexité qui ont pour effet en pratique de barrer l'accès aux tribunaux. Je crains que pour beaucoup cela ne soit la situation au Royaume-Uni » (conférence de lord Woolf à la cour d'appel de Paris en 1990).

connaît, elle aussi, les critiques de la cour de Strasbourg. Ils incitent cependant à mesurer les évolutions récentes tant au civil qu'au pénal, mais en sens inverse.

Le procès civil était la chose des parties jusqu'à ce que l'arrivée du juge de la mise en état modifiât la donne : il veille au bon déroulement des débats en fixant des délais, en demandant aux parties des explications en fait et en droit, en ordonnant, d'office ou à leur requête, des mesures d'instruction, en faisant respecter par elles le principe de la contradiction...

À l'opposé, le rôle des parties au pénal, y compris à l'audience, de passif est devenu plus actif. Déjà auparavant mais encore plus depuis la loi du 15 juin 2000, le magistrat instructeur, principalement enquêteur désormais, se voit proposer par les parties, qui ont un large accès au dossier, de procéder à des investigations supplémentaires ; les avocats peuvent communiquer à un expert qu'ils choisissent les travaux de celui désigné par le juge, ce qui leur permet de faire utilement des demandes de contre-expertise ; ils peuvent, à l'instar du procureur, contre-interroger les témoins et les parties, en cours d'instruction comme à l'audience.

La même évolution se retrouve dans les juridictions pénales internationales qui recourent aux chambres préliminaires pour veiller au bon déroulement de la phase d'instruction et qui attribuent au président un rôle plus actif.

Les notions d'accusatoire et d'inquisitoire deviennent obsolètes face à la nécessité d'une justice efficace et contradictoire. La commission Justice pénale et Droits de l'homme[1], chargée de faire des propositions de modifications de la procédure alors en vigueur, a tâtonné pendant des mois, préoccupée qu'elle était par des améliorations techniques, certes utiles, mais envisagées sans plan d'ensemble. Le chemin à suivre ne devint évident que lorsque furent d'abord mises en place les balises imposées par le respect des droits de l'homme : « prééminence du droit » (légalité, égalité, garantie judiciaire), « protection des personnes » (dignité, protection de la victime, présomption d'innocence), « qualité du procès » (droits de la défense, équilibre entre les parties, proportionnalité, célérité).

---

1. *La Mise en état des affaires pénales*, La Documentation française, 1991.

Si l'on voulait qualifier cette nouvelle procédure, peut-être faudrait-il utiliser une expression du langage informatique et parler de procédure « interactive » : entre les parties, d'une part, et entre chacune d'elles et l'autorité publique, d'autre part. L'interactivité suppose, comme on dit à Strasbourg, « l'égalité des armes », ou, si l'on préfère, un équilibre entre les parties excluant que l'infériorité subie par l'une d'elles soit un handicap insurmontable. À cette fin, aucune considération financière n'est supportable qui aboutirait à priver une personne de son droit à la parole et de son droit à être utilement conseillée et défendue. Cette exigence est fondamentale pour une bonne justice.

Il faut constater ensuite que tous ne peuvent apporter seuls la preuve de leurs prétentions, ou s'opposer aux prétentions adverses. Aux États-Unis, « la preuve de *common law* s'administre par témoins et jury, non par déposition ou instruction. [...] Au cours d'un interrogatoire de police, on n'est jamais obligé de parler. Mais si on vient à faire l'objet d'une citation à comparaître devant un grand jury pour témoigner, on ne peut pas ne pas parler, sauf à se faire condamner (et emprisonner) pour outrage à la cour (*contempt of court*). [...] De même une citation impérative à produire des preuves matérielles est beaucoup plus efficace qu'une perquisition ou saisie. Elle peut ne concerner qu'un ou que quelques documents particuliers, ce qui oblige la personne visée à révéler la ou les pièces les plus intéressantes pour les besoins de l'enquête, alors qu'en cas de perquisition c'est à la police de procéder au tri des éléments de preuve, sans garantie d'ailleurs de mettre la main sur celui qui serait déterminant[1]. » Qui peut affirmer que dans ce système ce qui est déterminant est connu des juges, compte tenu des inégalités résultant des possibilités de se défendre utilement lorsque font défaut les moyens financiers ? Y compris lorsqu'il s'agit de condamnations à la peine capitale.

D'où la nécessité d'une seconde forme d'interactivité : celle qui doit intervenir entre le magistrat chargé de recueillir des preuves et les autres parties. Bien ancrée maintenant dans les lois françaises, cette interactivité ne va pas sans une redéfinition des fonctions. Ce n'est pas plus un abaisse-

1. Élisabeth Zoller, *De Nixon à Clinton, malentendus juridiques transatlantiques*, PUF, 1999.

ment de la fonction judiciaire au pénal qu'une valorisation au civil, mais une exigence fondamentale de la justice moderne : celui qui est concerné par un litige et que l'on nomme partie doit y avoir part effectivement. Pour le bien même de la décision à venir.

Pratiquer l'interactivité ne signifie pas perdre sa fonction éminente de tiers au procès mais l'approfondir.

LE CHEMIN À PLUSIEURS, OU DÉCIDER DE TOUT EN N'ÉTANT SPÉCIALISTE DE RIEN

Parmi des milliers d'autres dossiers, un magistrat, au cours de sa carrière, a pu être appelé à se prononcer sur la cause d'une mort suspecte, les mécanismes financiers d'une fraude, les conditions de fusion de deux sociétés, l'origine technique – architecturale, physique, chimique... – d'une malfaçon ayant provoqué des morts multiples, sur le degré de responsabilité de l'auteur d'une infraction, les conséquences du rejet de composants nucléaires dans une nappe phréatique, la définition du crime contre l'humanité, ou la garde d'un enfant que deux parents, soutenus par des comités, se disputent...

Pour le justiciable concerné, chaque dossier est unique ; il est en droit d'attendre de celui qui va le juger d'être compétent. Pour le magistrat aussi le litige est unique, mais comment pourrait-il justifier de sa compétence propre dans le domaine évoqué ?

« Regarde, écoute, comprends, médite, agis », dit une devise maçonnique. La justice ne peut être que pluridisciplinaire. Il convient de se méfier des sujets que l'on croit posséder. Et surtout, lorsque l'on s'imagine être devenu le spécialiste d'une question, mieux vaut vite changer de spécialité ! Encore faut-il que la transparence existe sur ce qui va nourrir la réflexion du magistrat.

Le système anglo-saxon exige de chaque plaideur qu'il apporte ses preuves, c'est-à-dire qu'il choisisse et paie ses experts, quitte pour le juge à ouvrir un débat sur leurs capacités. L'originalité du système français est de sélectionner des spécialistes d'après leurs capacités établies et de charger le juge de les désigner au cas par cas. Ils gagnent en indépendance, ce qui est une garantie pour la justice. Ils ne sont jamais les décideurs et leurs conclusions sont soumises à la contradiction, au civil comme au pénal. Et comme les avocats, pas plus que les juges, n'ont de compétence en tout, ils peuvent soumettre le rapport des experts officiels à des spécialistes de leur choix et ainsi motiver des demandes de contre-expertise. Au juge, ensuite, de comprendre ce qu'on lui apporte, de le méditer, et, s'il s'estime insuffisamment éclairé, de susciter d'autres mesures d'instruction avant, enfin, de décider.

La collégialité, lorsqu'elle implique une vraie discussion, est également une garantie, mais elle tend à disparaître sous la pression des contentieux. Le juge unique ne partage pas avec d'autres la responsabilité de la décision ; c'est la sienne, avec ce que cela suppose de vigilance accrue. Les juges des enfants le savent bien qui, depuis des décennies, ont l'habitude de travailler avec des équipes pluridisciplinaires non pas d'experts, au sens juridique du terme, mais de psychiatres, de psychologues, d'éducateurs, d'assistants sociaux, etc., qui, au-delà même d'un diagnostic, sont conduits à proposer des solutions éducatives.

Le magistrat se doit de toujours dialoguer avec les experts et les équipes, mais sans intervenir dans leur spécialité et en respectant leur avis, quitte à motiver les raisons pour lesquelles il ne peut être suivi.

On peut encore considérer comme une autre voie parcourue à plusieurs le recours toujours ouvert contre les décisions de justice devant une autre juridiction. C'est là encore un droit fondamental des parties de contester le verdict. Cela ne signifie pas que les magistrats ont un droit à l'erreur : ils doivent toujours raisonner comme si leur décision devait être définitive. Même si leur jugement est réformé, ils ne sauraient ressentir cela comme un désaveu personnel. Ainsi va la justice humaine, qui doit admettre tous les éclairages possibles.

Le chemin sous l'œil de la défense

Les avocats sont des empêcheurs de juger en rond. C'est dire qu'ils sont indispensables. Cela implique que le magistrat n'a pas à s'interroger sur le choix par le justiciable de son avocat, sur l'étendue du litige que celui-ci a choisi de lui soumettre au civil, sur le système de défense mis en place. Mais il a pour tâche d'apprécier les arguments employés et de les rejeter par une décision motivée s'il n'a pas été convaincu. Il peut même appuyer sa décision sur un « moyen », un argument que le défenseur n'a pas songé ou voulu lui soumettre, mais, dans ce cas, il a l'obligation de réouvrir préalablement les débats pour que l'avocat s'explique sur ce nouvel élément relevé d'office. Le principe de la contradiction est évidemment un droit fondamental pour le justiciable, mais c'est aussi une garantie pour le juge, qui trouve là de quoi nourrir sa réflexion.

C'est l'honneur des avocats d'être à même de défendre toute personne en justice, même celles dont la cause paraît désespérée, qui ne paraissent pouvoir bénéficier au pénal d'aucune circonstance atténuante, d'aucune indulgence. Et c'est le devoir du magistrat, dans ce cas, d'être encore plus attentif à ce qu'on lui dit, à peser soigneusement les arguments avancés, même s'ils vont à contre-courant de l'opinion publique[1].

Le libre choix par l'avocat de son système de défense a conduit, au cours de la guerre

1. Voire lorsque l'enjeu était la vie ou la mort d'un homme, Robert Badinter, *L'Abolition*, Fayard, 2000.

d'Algérie, à mettre en avant une « défense de rupture » qui, par opposition à une « défense de connivence », met en cause la légitimité du juge à statuer : comment pourrait-il décider « au nom du peuple français » des actes accomplis au nom du « peuple algérien » ? C'est poser le problème de la légitimité du juge et des objections que sa conscience lui impose. Et auxquelles il répondra en conscience.

Reste que demandeurs et défendeurs n'ont pas toujours les moyens financiers de confier aux meilleurs spécialistes le soin de les défendre. Dans une économie de marché, il n'est en rien méprisable et il est même utile qu'il y ait des industriels ou des commerçants du droit. Il est en tout cas hautement souhaitable qu'ils agissent dans un cadre garantissant le respect de règles déontologiques. Car, par ailleurs, ils sont soumis aux règles de la concurrence – impitoyable internationalement –, du coût et du prix de revient, de l'investissement au-delà des frontières, de la qualité... Et c'est tant mieux si les rédactions précises de conventions, les discussions en cabinet, les arbitrages évitent des procès.

Les temps ont bien changé[1]. Les principes, heureusement, aussi. La défense des plus démunis, des exclus, notamment dans des départements très défavorisés, comme la multiplication des possibilités d'intervention (garde à vue, médiation...) ont conduit l'État à mettre en place un système de prise en charge de l'aide juridictionnelle. C'est là affaire de gouvernement. Mais, dans ce contexte, les magistrats ont aussi un rôle à tenir : favoriser l'accès au droit dans les maisons de justice. Et veiller à l'équilibre entre les parties.

LE CHEMIN À L'ABRI DES REGARDS, OU LE SECRET IMPOSÉ AUX MAGISTRATS

Il est, pour le magistrat, trois types de secret.

Le premier, absolu, est celui des délibéra-

1. « L'avocat n'exige rien de son client ni avant ni après le procès. Aussi le paiement d'avance, les réclamations personnelles, la remise d'une quittance, l'abandon de la défense lorsque les honoraires n'ont pas été remis, le recouvrement judiciaire de l'honoraire sont interdits. L'avocat nommé d'office ne peut ni refuser cette commission, ni accepter un honoraire » (règles de 1842, mais qui ont perduré). Cité par Lucien Karpik, *Les Avocats*, Gallimard, 1995.

tions des juges sur une affaire. Quelle que soit la juridiction, on ne doit pas savoir ce qui s'est dit au moment du choix, les hésitations, les partages de voix. L'autorité de la justice serait à ce prix. Plaignons les juges uniques, de plus en plus nombreux, qui doivent assumer seuls leur décision !

C'est là un secret tellement important en droit français que le nouveau magistrat prête solennellement serment, au moment de son entrée en fonction, de le garder « religieusement ». Or d'autres pays ou une juridiction internationale comme la Cour européenne des droits de l'homme ne le reconnaissent pas, puisqu'ils autorisent la publication, à la suite de la décision, des opinions divergentes avec indication du partage des voix. Cela permet d'éclairer le débat, voire de pressentir des évolutions possibles, sans que la juridiction perde de sa nécessaire autorité.

Devant une juridiction comme la Cour de cassation française, dont le rôle est de dire le droit, il serait certainement intéressant, notamment lorsqu'elle statue en assemblée plénière des six chambres, en chambre mixte regroupant trois chambres, voire en plénière d'une seule chambre, c'est-à-dire lorsque des questions de principe se posent, d'instaurer la possibilité de connaître l'importance de la majorité qui a rendu la décision et l'opinion des minoritaires. Cela permettrait aussi, pour un débat plus ouvert avec les parties, de faire connaître à celles-ci, avant l'audience, le contenu du rapport du conseiller et des conclusions de l'avocat général. On sait à quelle majorité est votée une loi et, par le compte rendu des débats, les motivations de chacun. Pourquoi ne pas transposer cette transparence lorsque la cour suprême judiciaire interprète la loi ? Même si cela doit conduire à une évolution de la motivation afin que l'opinion divergente n'occupe pas plus de place que celle de la majorité.

Un deuxième secret s'impose au magistrat : celui des investigations en matière pénale. Dans l'intérêt de la recherche des preuves, pour éviter des concertations frauduleuses ou des destructions de pièces, mais aussi pour protéger les victimes et garantir la présomption d'innocence des mis en cause. Peu importe qu'il ne s'agisse que d'un secret relatif quant aux personnes qui y sont tenues et aux moments de la procédure qui ne souffrent aucune publicité. Il suffit de rappeler que la violation de ce secret est un délit pour souligner que cette obligation de discrétion s'impose à elles aussi comme une règle éthique.

Il arrive enfin que le magistrat soit destinataire de confidences faites dans le secret de son cabinet. Si elles ont un intérêt pour l'affaire, elles doivent évidemment être consignées en procédure, mais lorsque, dans sa détresse, une victime ou un auteur d'infraction est conduit à livrer un secret intime dont la non-révélation, qu'il souhaite, ne porte pas préjudice à d'autres parties, le magistrat n'a pas à en faire état, ni dans le dossier ni dans des conversations privées. Il n'est pas dans son rôle de provoquer de telles confidences, mais, s'il les a reçues, il est de son devoir de les taire.

Le temps ne fait pas disparaître les obligations. Ce que l'on doit connaître d'une affaire se trouve dans le dossier ou bien s'est dit publiquement à l'audience. La magistrat a des impressions personnelles, des hésitations, des états d'âme ; qu'il les garde pour lui ! Ou, s'ils doivent être pris en considération, ce ne peut être que lorsque, dans l'exercice de sa fonction, cela peut présenter de l'utilité pour la décision à venir. Après, il est trop tard ; et cette divulgation devient même odieuse s'il y a des droits d'auteur à la clef.

CHAPITRE III

La légitimité du magistrat

Qui t'a fait juge des litiges d'autrui ? « Le roi est source et fontaine de toute justice », selon un adage de l'ancien droit. Il pouvait déléguer ce pouvoir qu'il tenait de Dieu, mais il pouvait aussi le retenir, se substituant alors à celui qu'il avait choisi. Peu importait alors que l'achat d'une charge de juge fût l'assise permettant de juger puisque la légitimité résultait d'une décision royale. En voici un exemple : « Louis, par la grâce de Dieu roi de France et de Navarre : à tous, présents et à venir, salut. Comme nous devons également nos soins à tous les peuples que la divine Providence a mis sous notre obéissance, nous avons bien voulu faire examiner en notre présence les mémoires qui nous ont été envoyés par nos officiers de nos îles de l'Amérique, par lesquels ayant été informé du besoin qu'ils ont de notre autorité et *de notre justice* pour y maintenir la discipline de l'Église catholique, apostolique et romaine, pour y régler ce qui concerne l'état et la qualité des esclaves dans nosdites îles, et désirant y pourvoir et leur faire connaître qu'encore qu'ils habitent des climats infiniment éloignés de notre séjour ordinaire, nous leur sommes toujours présent, non seulement par l'étendue de notre puissance, mais encore par la promptitude de notre application à les secourir dans leur nécessité » (extrait de l'article préliminaire du Code noir édicté par Louis XIV en 1685 pour réglementer l'esclavage).

Puis le peuple a remplacé la royauté : « Le principe de toute souveraineté réside essentiellement dans la nation. Nul corps, nul individu ne peut exercer d'autorité qui n'en émane expressément » (article 3 de la Déclaration des droits de l'homme et du citoyen du 26 août 1789). « La justice est la première dette du corps social » (Cambacérès, 1793). « Les expéditions des arrêts, jugements [...] seront intitulées ainsi qu'il suit : République française "Au nom du peuple français" » (décret du 12 juin 1947).

Depuis cette dernière date, l'européanisation a encore fait évoluer les choses : « Réaffirmant leur profond attachement à ces libertés fondamentales qui constituent les assises mêmes de la justice et de la paix dans le monde et dont le maintien repose essentiellement sur un régime politique véritablement démocratique d'une part, et d'autre part sur une conception commune et un commun respect des droits de l'homme dont ils se réclament » (Préambule de la Convention européenne de sauvegarde des droits de l'homme et des libertés fondamentales, 4 novembre 1950).

Chercher sa légitimité dans une personne (le roi) se rencontre encore parfois dans le monde. Se référer à une collectivité nationale (le peuple français) renvoie à la mise en œuvre des lois votées par les représentants élus de la nation, mais ce cadre s'est élargi à l'Europe, source de nombreux textes. Enfin, trouver le fondement de la justice dans des principes apporte une dimension, certes universelle, mais proche de l'homme, soumise non à des variations mais à des approfondissements. Mais, au-delà de ces fondements, reste à savoir pourquoi on choisira telle personne plutôt qu'une autre pour être magistrat. Choix, élection, concours... Comment sélectionner ?

Le passage de la royauté à la nation a permis toutes les expériences qui coexistent encore (concours ou choix par une commission d'avancement pour les magistrats professionnels, élection pour les magistrats des tribunaux de commerce et des conseils de prud'hommes, choix selon une compétence supposée pour des assesseurs de tribunaux pour enfants ou des affaires sociales, tirage au sort pour des jurés de cour d'assises). Sans toujours entraîner la conviction : « Si nous regardons comment s'applique sous nos yeux la salutaire doctrine de la séparation des pouvoirs, nous remarquons bientôt que le législatif est directement l'élu du souverain, que l'exécutif l'est aussi, directement ou indirectement, mais que le judiciaire n'est en réalité qu'une création, qu'un instrument de l'exécutif.[1] »

Aujourd'hui, la légitimité du magistrat peut d'abord être recherchée symboliquement dans le fait qu'il est nommé par le président de la République, élu au suffrage universel et constitutionnellement garant de l'indépendance de l'autorité judiciaire. C'est dans une

1. Arago, *Journal officiel,* 9 février 1872. Voir J.-J. Clère, « Malheurs et malaises de la magistrature française au début de la IIIe République », in *Le bonheur est une idée neuve*, Centre Georges-Chevrier, Dijon, 2000.

certaine mesure une légitimité conférée au nom du peuple français, même si le président n'a aucune part dans le choix des futurs magistrats.

La compétence fonde la légitimité technique. Elle est assurée par un concours anonyme ou par le choix d'une commission indépendante au vu d'un passé professionnel irréprochable. Elle doit être perfectionnée par une formation continue de haut niveau.

Le serment prêté solennellement et le statut légitiment encore sur le plan moral l'action du magistrat en ce qu'ils le soumettent à des impératifs éthiques (dignité, honneur, délicatesse, loyauté, probité, bonnes mœurs).

« Je ne croyais pas que son édit eût assez de force pour donner à un être mortel le pouvoir d'enfreindre les décrets divins » (*Antigone* de Sophocle). On dirait maintenant : d'être contraire aux droits de l'homme et aux libertés fondamentales en concours, mais quelquefois en contradiction, avec le respect de la loi voulue par les représentants du peuple français. C'est là le fondement moderne de la légitimité du magistrat. C'est ce qui justifie les objections qu'en conscience il estime devoir opposer à toute tentative, d'où qu'elle vienne, de l'entraîner hors de ce qui justifie son action. Il ne s'agit pas là de discussions théoriques mais bien de règles de conduite pour conserver cette légitimité qu'il ne doit pas considérer comme définitivement acquise. C'est une exigence quotidienne.

Il est du devoir du magistrat d'affiner sa compétence pour s'adapter aux lois nouvelles et à l'évolution sociale. Le respect des libertés fondamentales l'oblige à une attention permanente quant à sa relation à l'autre, à son discours, à sa décision.

1 = 1

Le principe d'égalité entre les hommes a toujours été solennellement proclamé en réaction à des situations d'inégalité. Les révolutionnaires de 1789 voulaient mettre fin aux privilèges, à la division de la société en ordres. L'ONU, en 1948, tira la leçon de la barbarie nazie et nippone.

« Il n'y a plus de liberté, toutes les fois que les lois permettent qu'en certaines circonstances un citoyen cesse d'être un homme pour devenir une chose, que l'on puisse mettre à prix, écrit Beccaria. On voit alors l'adresse des hommes puissants occupée tout entière à agrandir leur force et leurs privilèges, en profitant de toutes les combinaisons que la loi leur rend favorables. C'est là le secret magique qui a transformé la masse des citoyens en bêtes de somme ; c'est ainsi que les grands ont enchaîné la multitude des malheureux dont ils ont fait leurs esclaves. C'est par là que certains gouvernements, qui ont toutes les apparences de la liberté, gémissent sous une tyrannie occulte. C'est par les privilèges des grands, que les usages tyranniques se fortifient insensiblement après s'être introduits dans la Constitution par des voies que le législateur a négligé de fermer » (p. 149).

« Car son regard ne fut pas celui d'un homme à un autre homme ; et si je pouvais expliquer à fond la nature de ce regard, échangé comme à travers la vitre d'un aquarium entre deux êtres appartenant à deux mondes différents, j'aurais expliqué du même coup l'essence de la grande folie du Troisième Reich » (Primo Levi, *Si c'est un homme* ; pour être utilisé comme chimiste dans le camp, Primo Levi était interrogé par un nazi, chimiste comme lui).

Dans l'Allemagne nazie, il fut décidé législativement de certaines catégories de personnes (juifs, tziganes...) qu'elles avaient des droits inférieurs aux autres, en ce qui concerne le mariage, la profession, la liberté d'aller et de venir... Un n'était plus égal à un. Pour que leur différence fût connue de tous, elles furent ensuite marquées (l'étoile jaune des juifs), puis parquées comme des animaux. La référence à de la vermine, aux rats dans les écrits nazis est à cet égard éclairante : n'étant plus considérées comme des êtres humaines, elles pouvaient impunément être exterminées dans un pays punissant de mort l'assassinat. La doctrine d'État avait une valeur supérieure à la loi.

Cette altération progressive de l'équation fondamentale (un homme égale un homme), ne doit jamais être perdue de vue par les magistrats qui, par fonction, ont légalement le pouvoir de restreindre des droits. Pour eux, la réponse est double. Rien, aucune doctrine, aucune conviction personnelle ne les autorise, dans cette hypothèse, à se placer au-dessus des lois. Ensuite, ils doivent toujours avoir en mémoire l'article premier de la Déclaration universelle des droits de l'homme, qui fonde l'égalité entre les hommes non seulement sur les droits mais encore sur la dignité : « Considérant que la reconnaissance de la dignité humaine inhérente à tous les membres de la famille humaine et de leurs droits égaux et inaliénables constitue le fondement de la liberté, de la justice et de la paix dans le monde... » (préambule).

Il faut voir un homme en tout homme, fût-il le plus odieux des criminels. On juge un homme, non une bête, et c'est parce que c'est un homme qu'on peut le juger. Un magistrat ne doit jamais bafouer la dignité de celui qui comparait devant lui. Le juge n'est digne de lui-même que s'il reconnaît la dignité de l'autre, son droit à la parole, et s'il écoute sa défense et pèse ses arguments.

Il n'y a pas d'affaires nobles, et d'autres subalternes ou médiocres, voire méprisables. Il n'y a que des dossiers sur lesquels le magistrat doit porter toute son attention lorsqu'ils sont de sa compétence.

Le droit à la dignité ne souffre aucune exception ; il n'admet aucun traitement dégradant. Ce qui n'exclut pas de prononcer le maximum des sanctions au pénal lorsque les circonstances et la personnalité de l'auteur l'exigent ou d'allouer une entière demande civile lorsqu'elle est justifiée, même si les conséquences seront lourdes pour un débiteur méritant. La distinction est évidente entre l'application du droit et la personne à laquelle on l'applique. Le rappel de sa dignité est la meilleure façon de lui faire prendre en considération qu'elle est sujet et non objet de droit.

À l'évidence, cette règle s'applique aussi à la victime d'une infraction qui fut très longtemps la grande absente du procès pénal. Les peines éliminatoires (la mort, la transportation dans des terres lointaines sans espoir de retour, la relégation) ont longtemps satisfait les exigences de l'ordre public telles qu'elles étaient perçues. L'accent fut ensuite porté sur le condamné et sur les mesures qu'il fallait prendre en vue de sa réinsertion. Quant à la victime, c'est le dernier quart du xxe siècle qui a vu son introduction dans les débats, y compris en 1998 dans le statut de la Cour pénale internationale. Elle n'est plus considérée simplement comme créancière de dommages-intérêts, mais comme une personne qui a souffert dans son être ou ses biens et dont la dignité doit être restaurée.

Le procès gagne en hauteur lorsqu'il devient un lieu ou chacun, à sa place, peut s'exprimer et être écouté.

La parole

Faire de l'enceinte de justice un lieu de parole, et pas seulement de porte-parole, se révèle difficile dans une procédure civile lorsque l'assistance d'un conseil est obligatoire et que c'est par son intermédiaire que s'expriment les prétentions des parties, de telle sorte que le juge ne rencontre qu'exceptionnellement ceux qui seront concernés par sa décision ; il est cependant des cas, comme en matière de droit de la famille, où ce contact a lieu. Il en va nécessairement de même au pénal.

Il faut dialoguer pour reconstituer, expliquer, comprendre. Et, pour les magistrats du parquet, convaincre, à l'audience du bien-fondé de leur analyse du dossier et donc de la justesse de leurs réquisitions. « Que ce que tu dis tienne dans ce que tu es », écrit frère Gilles Baudry (*Zodiaque,* n° 4, octobre 1999). Avoir des « paroles lapidaires et justes » et non les « sentences ornées d'un beau parleur », selon le *Zheyu Zhiyan* – Chine, XVIIe siècle – (« Le cheminement du jugement idéal »).

Malgré sa théâtralité apparente, l'audience n'est pas un lieu de représentation mais un

« espace ritualisé[1] » où l'on expose une situation de fait passée ; on la re-présente. Depuis, le temps s'est écoulé ; il a pu apporter oubli, interprétations intéressées consciemment ou non, pressions extérieures ; d'où des variations, des revirements, des contradictions, des invraisemblances (encore que « le vrai peut quelquefois n'être pas vraisemblable »).

Il y a également l'ambiance d'une enceinte de justice, même lorsque la déposition est recueillie à huis clos ; elle peut engendrer une inhibition. Chacun peut préparer ce qu'il souhaite dire, mais il n'est pas le maître de l'entretien, qui se déroule le plus souvent sans référence possible à des notes écrites. Cet environnement difficile impose au magistrat une grande vigilance pour qu'un dialogue soit possible. Il ne doit ni mettre en position d'infériorité – ce qui ne se confond pas avec mettre en difficulté en opposant les éléments qui permettent de ne pas considérer comme crédibles les explications avancées – ni provoquer la confiance par des promesses impossibles à tenir et bien évidemment ne pas provoquer des déclarations sous la menace d'une

1. Antoine Garapon, *L'Âne portant des reliques,* Le Centurion, 1985.

mesure de coercition. Le magistrat écoute, décrypte et, par le choix de questions ouvertes ou fermées selon les cas, fait préciser les faits et les intentions. En gardant une distance.

Rigueur encore lorsqu'il s'agit de coucher par écrit les propos tenus. Complètement, synthétiquement ou sommairement ? Celui qui a parlé doit toujours pouvoir exiger que soit exactement reproduite sa pensée tant sont lourdes de conséquences les pièces établies, qui sont considérées comme sincères si elles n'ont pas fait l'objet de contestation immédiate.

« La plume est serve mais la parole est libre », selon un adage ancien. Jusqu'en 1958, le Code d'instruction criminelle assignait au procureur général en cour d'assises la mission de « développer les moyens qui appuient l'accusation », tandis que l'actuel Code de procédure pénale lui impose une règle éthique : « Développer librement les observations orales qu'il croit convenables au bien de la justice ». Il y a une part d'appréciation personnelle (ce qu'il croit) qui ne signifie en rien que doivent entrer en ligne de compte ses propres convictions ; il s'agit seulement de l'analyse qu'il fait des éléments du dossier. Plus que jamais, il doit rester un tiers ; le résultat du procès peut dépendre ou non de ses réquisitions : il n'y a pour lui ni victoire ni défaite, mais contribution à l'élaboration d'une décision. Le « bien de la justice », c'est la conformité de ses arguments à la loi sur la forme comme sur le fond, la rigueur dans l'examen des preuves, la nécessité du doute, la personnalisation de la sanction requise lorsqu'il s'agit d'un procès pénal[1].

Apprendre à parler. Mais aussi apprendre à se taire ! Même en confidence, il convient de taire ce qui relève du secret. De taire aussi ses sentiments et impressions personnelles qui n'ont rien à faire dans un procès. Un micro ouvert n'a jamais obligé à parler celui qui ne doit rien dire.

JUGER... ENFIN

Juger, c'est trancher un litige, lui apporter une solution au fond qui devrait mettre un terme à la contestation, mais c'est aussi, avant même la fin du procès, statuer sur l'éventuelle atteinte à un droit fondamental, car le juge est constitutionnellement « gardien de la liberté

1. *Cf.*, en annexe, « De quelques préceptes ».

individuelle ». Mais il faut bien reconnaître que, par rapport à ces deux fonctions, l'image du juge français est brouillée, et ce pour trois raisons.

D'abord, parce qu'il appartient à un corps, la magistrature, dont il n'est pas l'unique représentant ; il y voisine avec les procureurs : même recrutement, même formation, statut en partie commun, passage possible d'une fonction à l'autre, le cas échéant à plusieurs reprises. Dans ce qui précède, a été largement développée cette communauté de règles et d'exigences – volontairement. Car ce système français a sa richesse : dans l'intérêt des juges comme des justiciables, il est bon que l'interface soit assurée par un corps ayant les mêmes exigences morales que les juges et qui connaît bien le fonctionnement interne de la justice. Recrutement, formation, voire période initiale en commun devraient suffire pour répondre à cette exigence.

Le choix définitif, ensuite, de carrières séparées est certainement la voie d'avenir. La Commission de réflexion sur la justice avait suggéré l'instauration d'une période initiale commune de plusieurs années au cours de laquelle futurs juges et futurs membres du parquet appliqueraient les procédures tant civiles que pénales sous la direction des chefs de juridiction et le contrôle du juge des libertés. Le choix d'une des deux fonctions à l'issue de cette période deviendrait alors irréversible.

Sont ensuite appelés juges des magistrats qui ne remplissent pas des fonctions de juge. Le cas du juge d'instruction en est l'exemple type. Il instruit à charge et à décharge, c'est-à-dire qu'il est enquêteur, mais il lui est d'une part interdit de juger au fond (y compris pour déclarer nuls des actes de sa procédure accomplis par un expert ou un policier) et d'autre part, depuis la loi du 15 juin 2000, lui ont été supprimées des possibilités de rendre une décision restreignant des droits fondamentaux : c'est le juge de la détention et des libertés qui décide d'une mise en détention provisoire et qui statue, au nom des droits de la défense, sur la validité d'une saisie chez un avocat lorsque le bâtonnier de l'ordre a estimé que la pièce litigieuse ne devait pas figurer en procédure; le juge d'instruction n'est plus compétent pour interdire à un avocat d'exercer sa profession dans le cadre d'un contrôle judiciaire. Depuis cette loi, le juge d'instruction devrait être nommé magistrat instructeur, car ce titre de juge laisse supposer qu'existe dans l'opinion publique, malgré la présomption d'innocence, une pré-condamnation. Changer le vocabulaire en passant d'inculpé à mis en examen, puis, maintenant, en étendant le statut de témoin assisté ne change rien à l'affaire. C'est pourquoi la commission Justice pénale et Droits de l'homme avait souhaité que toutes les enquêtes fussent effectuées par le parquet devenu indépendant du ministre de la Justice – ce qui est en passe de se produire – et sous le contrôle d'un juge des libertés assurant seul la protection des droits fondamentaux. Une réforme de cette envergure, amorcée peut-être par la loi du 15 juin 2000, nécessite évidement des délais pour mettre en place de nouvelles structures, ce qui suppose, pour éviter des repentirs, qu'elle soit décidée en début de législature pour prendre effet quatre ans plus tard.

Autre signe de confusion : les premiers présidents de cours d'appel et les présidents de tribunaux importants, qui ont été choisis en fonction de leurs qualités professionnelles, c'est-à-dire en principe de leur aptitude à juger, jugent de moins en moins, absorbés qu'ils sont par leurs tâches administratives, d'animation, de relations extérieures ; ils ne sont guère candidats à un poste à la Cour de cassation, dont le rôle essentiel est de dire le droit. C'est pourquoi est en projet une modification de leur statut qui limitera leur inamovibilité à quelques années, compte tenu du nécessaire renouvellement dans l'administration d'une juridiction. Rares sont ceux également qui consacrent leur activité juridictionnelle au pénal, c'est-à-dire à un domaine où sont en cause plus qu'ailleurs les droits de l'homme et donc à une fonction fondamentale du juge ; la loi du 15 juin 2000 vient opportunément de rappeler que le juge de la détention et des libertés doit être le président de la juridiction ou son délégataire de rang élevé.

Une redéfinition des fonctions de juge – dans l'intérêt même de la fonction – s'impose. Au législateur de l'entreprendre mais au juge de l'approfondir.

Écouter, consulter, mais aussi douter.

Selon le cheminement du jugement idéal du *Zheyu Zhiyan*, la « confiance », c'est-à-dire l'établissement de la conviction, suppose de cultiver le doute et des délibérations collégiales et non de se croire dans le vrai. Le doute face à un droit obscur ou inexistant oblige le juge civil à juger. Tandis que le juge pénal, s'il doute de la matérialité des faits, de leur imputation à une personne identifiée ou des intentions de celle-ci, ne peut pas condamner. Mais quel doute ? « Que l'on ne s'étonne point de me voir employer le mot de probabilité en parlant de crimes qui, pour mériter un châtiment, doivent être certains, car, à la rigueur, toute certitude morale n'est qu'une probabilité, qui mérite cependant d'être considérée comme une certitude, lorsque tout homme d'un sens droit est forcé d'y donner son assentiment, par une sorte d'habitude naturelle qui est la suite de la nécessité d'agir, et qui est antérieure à toute spéculation. La certitude que l'on exige pour convaincre un coupable est donc la même qui détermine tous les hommes dans leurs affaires les plus importantes » (Beccaria).

Les décisions collégiales françaises, sauf à la Cour de cassation où la majorité suffit, nécessitent l'accord des deux tiers des juges participant au délibéré (deux sur trois ordinairement, huit sur douze ou dix sur quinze en cour d'assises). Le doute du tiers des participants, outre qu'il est ignoré, n'a aucune incidence sur le jugement.

En dehors des cas exceptionnels de preuve légale (jusqu'à inscription de faux ou preuve contraire), tout mode de preuve peut être soumis à la discussion ; l'aveu même est soumis à la libre appréciation des juges. Est importante aussi la recherche des conditions dans lesquelles la preuve a été obtenue. Sont éclairants sur la démarche à suivre par tous, devant toutes juridictions, les engagements exigés des jurés d'assises, juges occasionnels : prêter une attention scrupuleuse ; n'écouter ni la haine, ni la méchanceté, ni la crainte, ni l'affection ; suivre leur conscience et leur intime conviction ; faire montre de probité et d'indépendance, observer silence et recueillement. En somme, avoir l'esprit libre et ne pas se laisser guider par les affects, selon les préceptes du *Zheyu Zhiyan*. La loi du 15 juin 2000 a même ajouté le souci des intérêts de la victime et le rappel de la présomption d'innocence qui oblige à faire bénéficier du doute la personne poursuivie.

La dimension morale de la fonction de juge est ici soulignée. Les faits sont soumis à la critique de la raison. Il faut être un homme de sens droit, selon la formule de Beccaria, pour accepter que la probabilité devienne intime conviction. C'est pourquoi la Cour de cassation censure les décisions qui, après avoir énuméré tous les éléments de preuve à charge, se contentent d'affirmer qu'il y a un doute.

L'attention doit être éclairée. Selon la belle

formule du *Zheyu Zhiyan,* le feu doit être non pas au flanc, mais au sommet de la montagne.

Il faut peser, comme le rappelle le symbolisme de la balance, en ayant à l'esprit que le poids d'une plume peut faire pencher un plateau.

Juger aussi en ayant conscience des conséquences de la décision, heureuses ou malheureuses, pour ceux qui sont directement ou indirectement concernés. De même que dans les guerres modernes les militaires font état de « dommages collatéraux » lorsque n'a pas été seule atteinte la cible calculée par l'ordinateur, les jugements ont des effets au-delà des parties. Pensons à l'enfant d'un homme incarcéré qui sera la cible de ses camarades de classe, à celui qui, selon un proviseur, vient au lycée avec son pyjama dans son cartable car il ne sait pas chez lequel de ses parents divorcés il couchera le soir, aux conséquences familiales d'une condamnation pécuniaire ou d'un licenciement. Mais prévoir n'est pas s'abstenir ; c'est seulement une exigence de lucidité pour tenter de prévenir certaines conséquences indirectes lorsque c'est possible.

Le juge ne doit pas rendre une décision non susceptible d'exécution : il n'a pas pour fonction de produire du papier pour des archives.

Sa décision sera motivée afin que la justesse du raisonnement entraîne la conviction au point d'éviter le recours à une juridiction supérieure, source de pertes de temps et d'argent. Utopie, certes, mais objectif nécessaire. Toujours s'efforcer de convaincre.

Difficile profession que celle de juge : ce qui est important ce n'est pas lui mais sa décision. Mais il est pourtant dans son jugement.

Si les principes fondamentaux relatifs à l'indépendance de la magistrature[1] reconnaissent au magistrat des droits, ce sont ceux dont il peut jouir comme simple citoyen : liberté d'expression, de croyance, d'association, y compris sur le plan professionnel, d'assemblée. Avec toutefois une restriction : « se conduire de manière à préserver la dignité de sa charge et l'impartialité et l'indépendance de la magistrature ».

Il n'y a pas de droit de juger. Les droits sont accordés à ceux qui sont confrontés à la justice. Les magistrats ont des pouvoirs, non des droits. Leur en reconnaître serait changer le

1. VIIe Congrès des Nations unies pour la prévention du crime et le traitement des délinquants, Milan, 1985.

tiers en partie. Et leurs pouvoirs ne leur appartiennent pas en propre ; ils ne leur sont conférés que dans le cadre de la loi et exigent, dans leur application, un surcroît d'éthique.

Pour tenir lieu de conclusion

« Lorsque je tiens une table faite par un artisan, ma main rencontre sa main ; le type me tient compagnie. Je sens sa main, la table est vivante ; mais, dans la mécanique, une table c'est infernal » (Georges Braque, *Zodiaque*, janvier 1954).

« J'ai compris, moi seul ai compris, que le seul mot de passe, pour ne pas être dévoré par le Sphinx, c'est l'Homme. Sans doute fallait-il un peu de courage pour le dire, ce mot. Mais je le tenais prêt dès avant d'avoir entendu l'énigme ; et que ma force est que je n'admettais pas d'autre réponse, à quelle que pût être la question » (André Gide, *Œdipe*, acte II).

Forcément individuel, artisanal au moment de la décision, l'exercice de la justice aide, conduit, contraint à cette recherche, en soi et chez les autres, de l'homme.

Avec parfois son indignité ou son inhumanité. Toujours dans l'égale dignité de tous les hommes.

Juger dans la dignité et accepter d'être jugé.

ANNEXE

De quelques préceptes[1]

Le ministère public n'a pas d'adversaires, car le procès n'est pas un combat singulier. Mais il a des contradicteurs, et c'est fort heureux. L'accusation est respectueuse de la défense qui la pousse à la rigueur. Laisser à ceux qui n'ont rien à dire les attaques personnelles contre le contradicteur; elles ne font plaisir qu'à eux et desservent leur cause.

Requérir publiquement, face aux juges, en présence de son contradicteur, jamais dans un couloir ou à l'ombre du secret d'un cabinet.

Plutôt que de se proclamer sans cesse indépendant comme par exorcisme, être lucide sur ses propres dépendances : envers soi-même, envers ses convictions personnelles qui, devenues préjugés, empêchent de juger, envers son savoir dont les insuffisances peuvent limiter la compréhen-

1. Extrait de Pierre Truche, *L'Anarchiste et son juge,* Fayard, 1994.

sion ; envers les autres qui, en amont, ont constitué le dossier, qui, en aval, exécuteront la décision, qui, au-dessus et alentour, invoquent la dimension politique ou arguënt du droit à l'information pour orienter. Au milieu de cette agitation, faire son choix dans l'immobilité de son cœur et de son esprit.

Ne pas faire de play-back sur les disques des autres.

Être responsable, puisque l'irresponsabilité des magistrats est la règle et que les propos tenus ne peuvent être censurés.

Convaincre, convaincre, convaincre.

Faire impression sur la raison, et non sur les sentiments.

Le ministère public ne perd pas un procès ; il ne le gagne pas davantage. Il convainc ou non.

Le réquisitoire prononcé, il n'y a pas de session de rattrapage. Il est trop tard pour essayer de convaincre.

Monter à l'audience sans connaissance complète du dossier, c'est dégringoler dans l'esprit des juges.

Se forger une conviction avant l'audience, mais la modifier si les débats l'imposent, sans toutefois céder à de simples impressions.

Requérir aujourd'hui. Et laisser à demain et à d'autres juges le soin d'adapter la peine lorsque le temps aura fait son œuvre.

Occulter une circonstance atténuante, c'est provoquer une lézarde dans un bel édifice.

On requiert seul. Raison de plus pour mûrir ses réflexions dans l'équipe du parquet.

« La chair est plus que le vêtement. » Les effets de manche peuvent être très beaux... chez les couturiers.

« Mais l'esprit est plus que la chair, et l'œil est plus que le visage. » C'est par les yeux que passe l'éloquence, car ils expriment la sincérité de la conviction. L'expérience contraire est douloureuse : qui requiert devant des jurés qui jamais n'acceptent de croiser son regard sait que sa démonstration, quelle que soit sa force, ne les atteindra pas. C'est l'œil qui force à écouter, pas la puissance de la voix.

Les textes les mieux préparés – et ils doivent tous l'être – ne valent que s'ils sont recréés dans l'instant du réquisitoire. L'interlocuteur doit suivre dans les yeux la naissance – la renaissance – de la pensée.

Le silence, c'est le palier après l'exposé d'un argument, pour mieux le laisser pénétrer, et avant de le reprendre, autrement dit.

Les petites phrases peaufinées pour être colportées s'envoleront aussitôt que recueillies. Pas davantage de grandes phrases. Préférer la phrase forte par l'argument qu'elle expose.

La parole est libre, oui, mais à condition qu'elle soit conforme au bien de la justice.

Écouter la parole des autres, la susciter, car le procès n'est pas un lieu où elle peut aisément s'exprimer. C'est un lieu où le verbe est confié à des porte-parole. Mais on ne peut porter la parole que si l'on a d'abord écouté.

Le pire des criminels, qui a refusé droits et dignité à ses victimes, est, en justice, un homme qui a des droits. Il sera sanctionné, y compris, lorsque c'est nécessaire, par la peine maximale que prévoit la loi, mais l'accabler d'invectives ou le ridiculiser d'un bon mot, c'est manquer à la dignité.

À côté des droits de la défense, il y a le droit du défendu qui est d'être traité en homme, quoi qu'on lui reproche. C'est parce que c'est un homme qu'il peut être sanctionné.

Les victimes attendent d'un procès davantage qu'une réparation matérielle de leur préjudice : la restauration de leur dignité bafouée.

Ne pas fermer l'avenir aux mineurs.

Ne pas désarmer l'État. Son arme, c'est la loi, et la violence de la loi est indispensable face à la violence contre la loi. Cette arme est confiée aux juges pour qu'ils l'utilisent. Mais l'État lui-même considère en certaines circonstances que l'usage de cette violence légale est inutile et que les juges peuvent dispenser de peine.

Requérir l'application de la loi, sans oublier que la loi dit aussi qu'il faut acquitter si les preuves ne sont pas suffisantes.

Ne jamais requérir une peine qu'on ne prononcerait pas soi-même. Peu importe qu'ensuite les juges soient plus ou moins sévères. Ne jamais requérir à la hausse pour permettre aux juges d'être agréables à la défense en prononçant une sanction moindre. Proscrire tout marchandage.

Plutôt que de maudire les juges de n'avoir pas suivi les réquisitions, il faut d'abord s'interroger sur les raisons pour lesquelles on n'a pas su les convaincre.

Ce n'est qu'ensuite, si les motifs des juges n'apparaissent pas pertinents, qu'il faut, si c'est possible, former un recours contre leur décision ; c'est la seule voie admissible pour le ministère public qui entend critiquer une décision de justice.

Ennuyeux, un réquisitoire ? Oui, si la conviction est faible et l'œil morne.

TABLE DES MATIÈRES

Impression réalisée sur CAMERON par BRODARD ET TAUPIN La Flèche
pour le compte des Éditions Fayard en avril 2001
Imprimé en France
Dépôt légal : mai 2001 – N° d'édition : 11726 – N° d'impression : 7280
ISBN : 2-213-60985-3 – 35-57-1185-01/4